VIES ET OEUVRES

DES

PEINTRES LES PLUS CÉLÈBRES

DE TOUTES LES ÉCOLES;

RECUEIL CLASSIQUE,

CONTENANT

L'Œuvre complète des Peintres du premier rang, et leurs Portraits; les principales Productions des Artistes de 2e et 3e classes; un Abrégé de la Vie des Peintres Grecs, et un choix des plus belles Peintures antiques;

RÉDUIT ET GRAVÉ AU TRAIT,

D'après les Estampes de la Bibliothèque nationale et des plus riches Collections particulières;

Publié par C. P. LANDON, Peintre, ancien Pensionnaire du Gouvernement à l'Ecole Française des Beaux-Arts à Rome, Membre de plusieurs Sociétés Littéraires, Éditeur des Annales du Musée.

A PARIS,

Chez C. P. LANDON, rue de l'Université, N° 19, vis-à-vis la rue de Beaune.

IMPRIMERIE DE CHAIGNIEAU AÎNÉ.

1809.

SUITE

DE

L'ŒUVRE DU CORRÉGE.

Planche LXI. Jupiter et Antiope. Tableau de la galerie du Musée de France, provenant de l'ancienne collection de la Couronne. Graveurs, *J. Godefroy*, *Queverdo*, *Urbin Massard*.

Pl. LXII. 1. Vénus et l'Amour. Graveur *inconnu*. 2. Vénus désarmant l'Amour. Ce tableau, provenant de la succession de M. Mayer, de Strasbourg, est dans le cabinet de M. le Chevalier de Fabry, à Genève. Graveur, *Guérin*, de Strasbourg.

Pl. LXIII. 1. Diane endormie. Graveur, *D.-D. Sornique*. 2. Jupiter et Io. Tableau de l'ancienne galerie d'Orléans. Graveurs, *E. Desrochers*, *F. Bartolozzi*.

Pl. LXIV. 1. Vénus et l'Amour. Graveur *inconnu*. 2. Psyché et Cupidon. Graveur *inconnu*.

Pl. LXV. Scène Magique. Graveur, *Boël*.

Pl. LXVI. La Toilette de Vénus. Graveur, *T. Van Kyssel*.

Pl. LXVII. Le Jugement de Midas. On croit que ce tableau et les deux suivans ont été gravés par *Vicus Eneas*.

Pl. LXVIII. Le Barbier de Midas. Graveur *idem*.

Pl. LXIX. Marsyas écorché par Apollon. Graveur *idem*.

Pl. LXX. Les Mulets. Tableau de l'ancienne galerie d'Orléans. Graveur. *J. Couché*.

FIN DE LA TABLE.

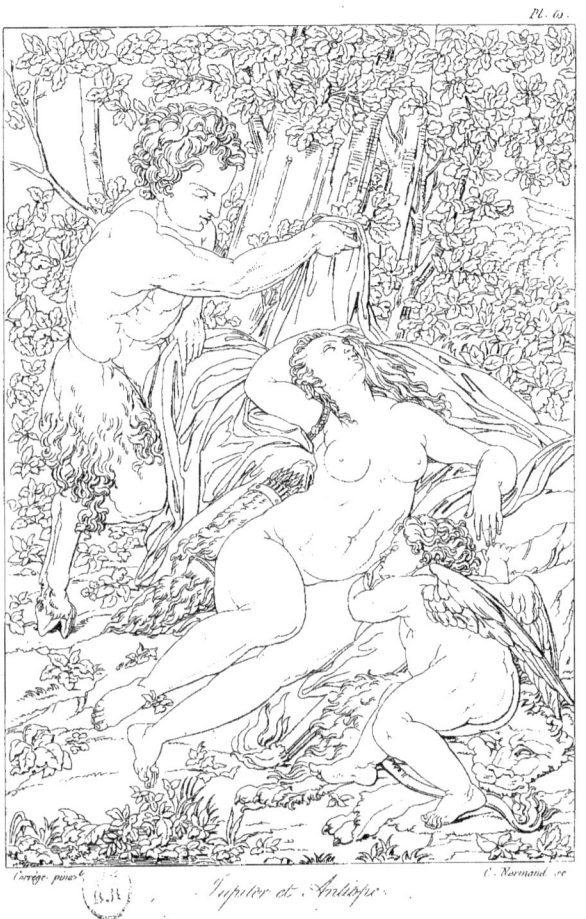

Jupiter et Antiope

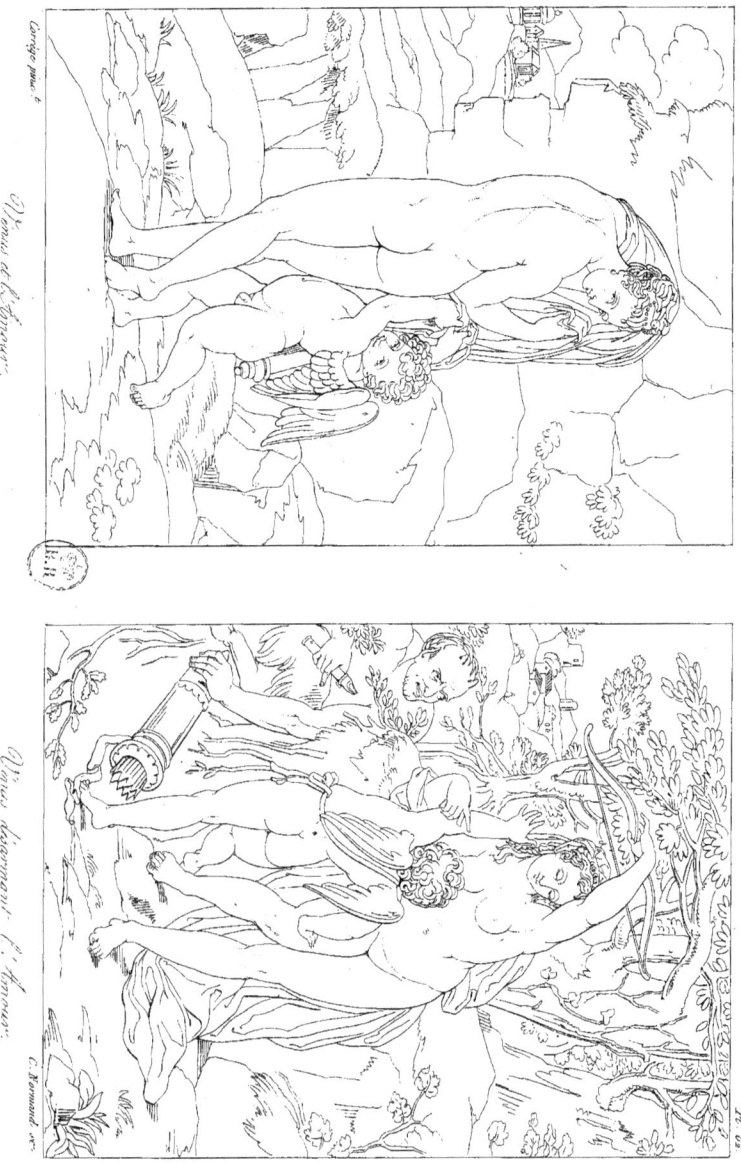

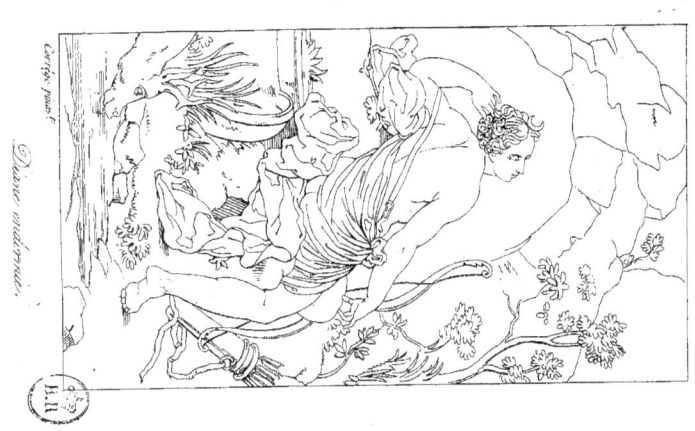

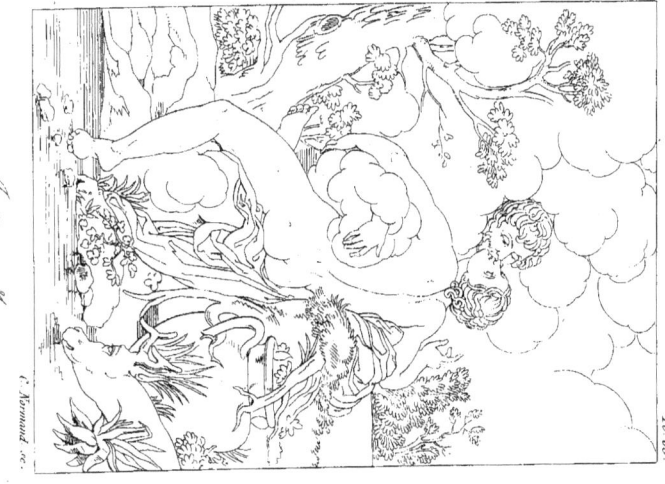

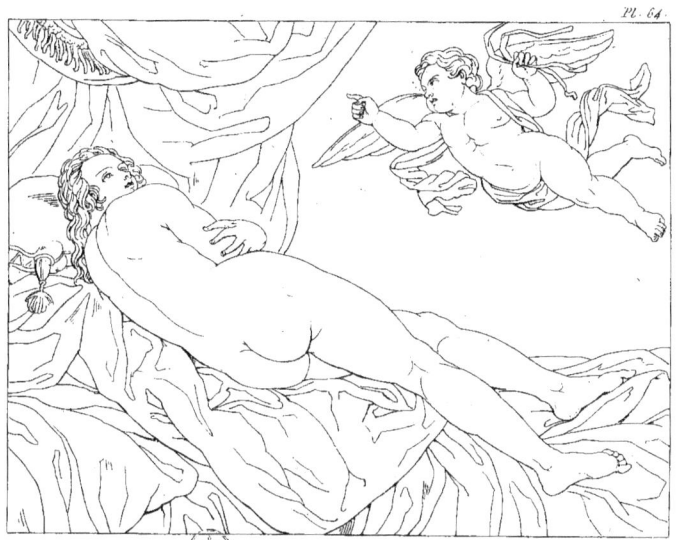

Vénus et l'Amour.

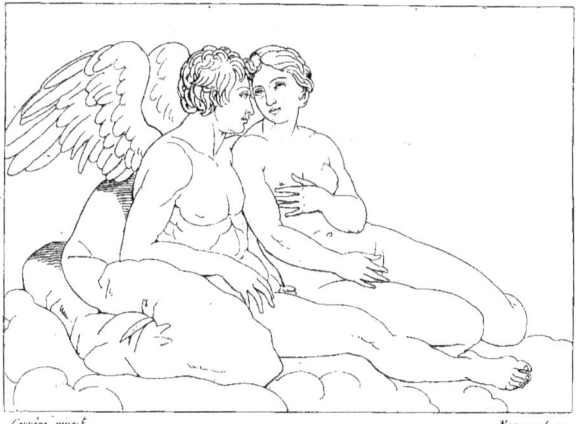

Corrège pinx.t   Normand sc.

Psyché et l'Amour.

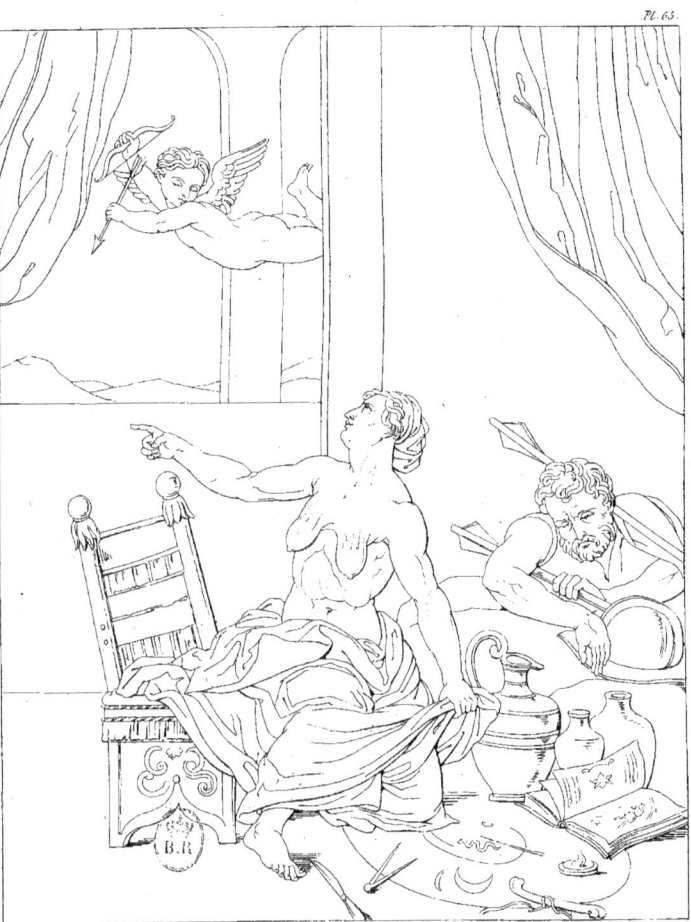

Scène magique.

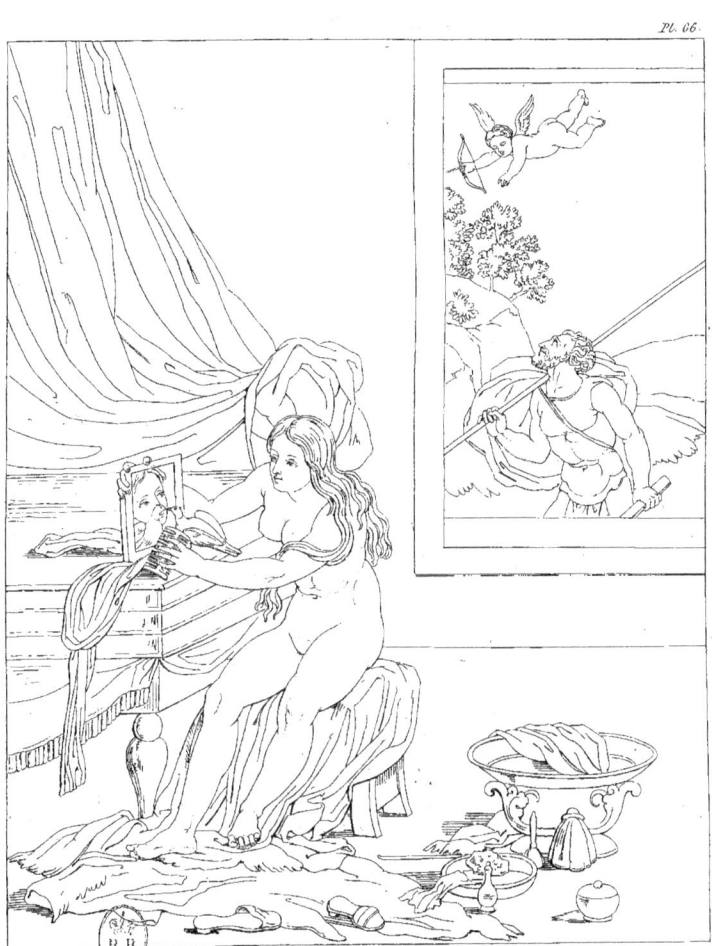

Corrège pinx.t   C. Normand sc.

La Toilette de Vénus.

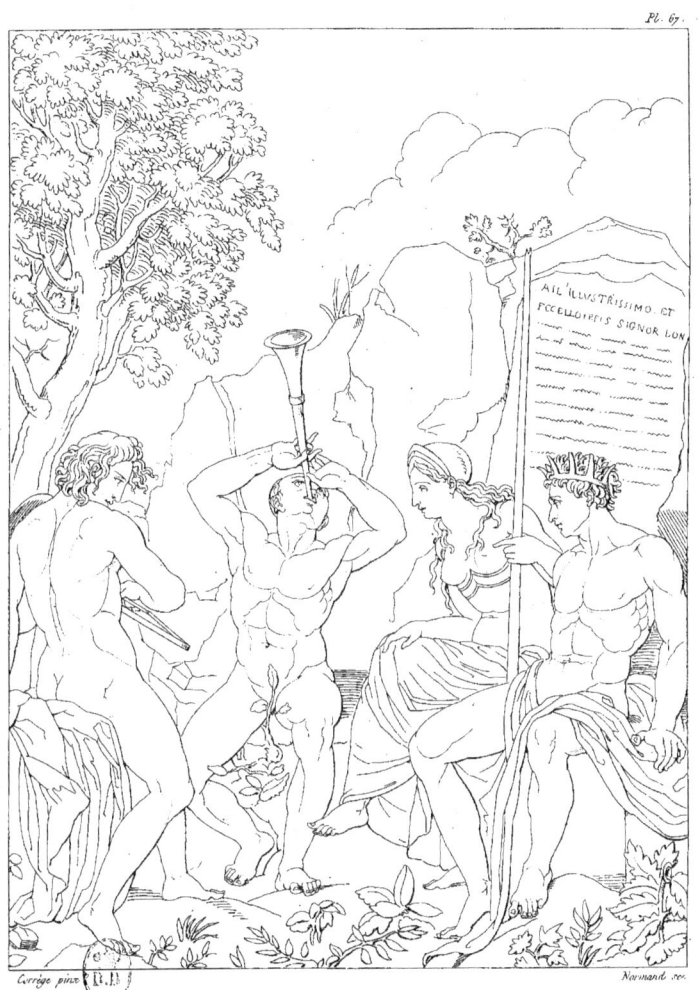

Le jugement de Midas.

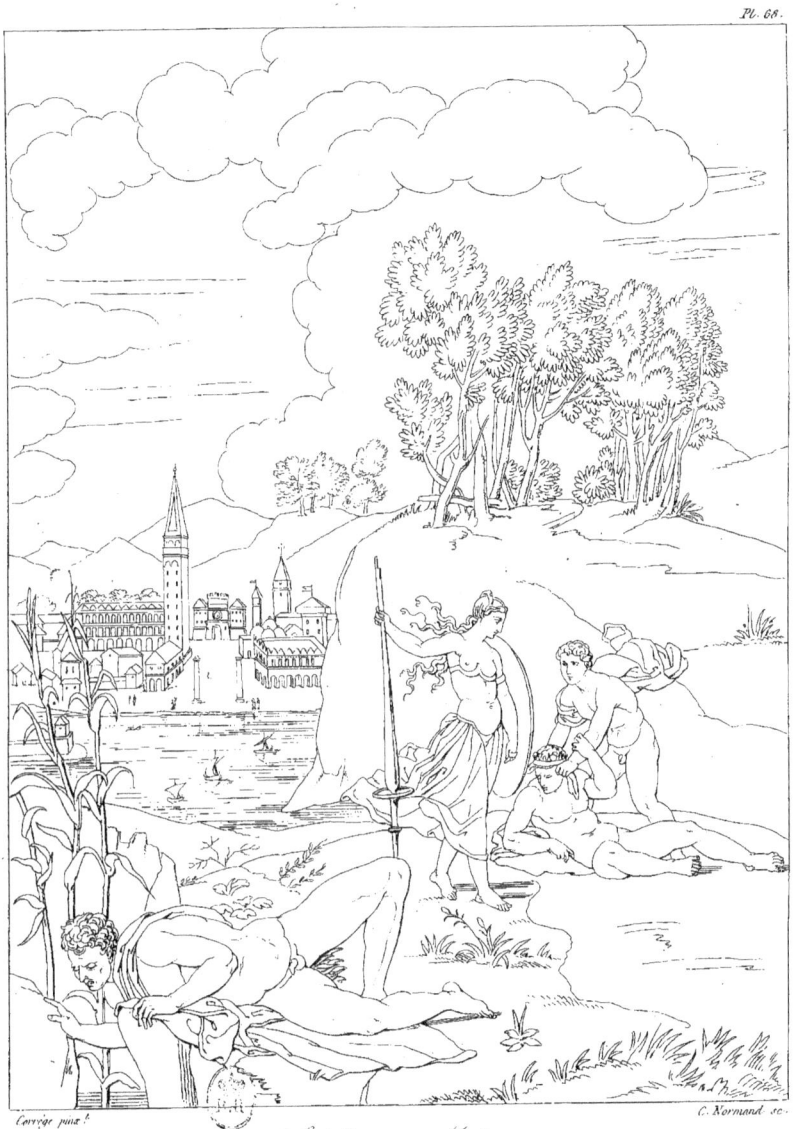

Les Secrets de Midas.

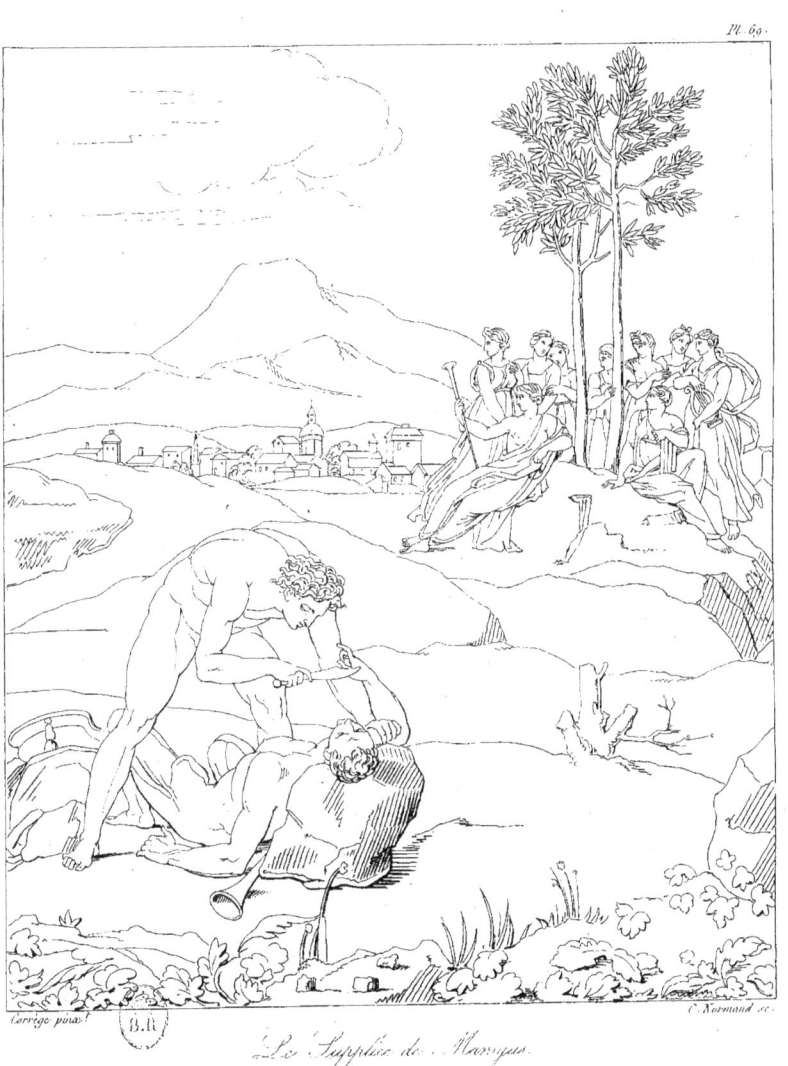

Le Supplice de Marsyas.

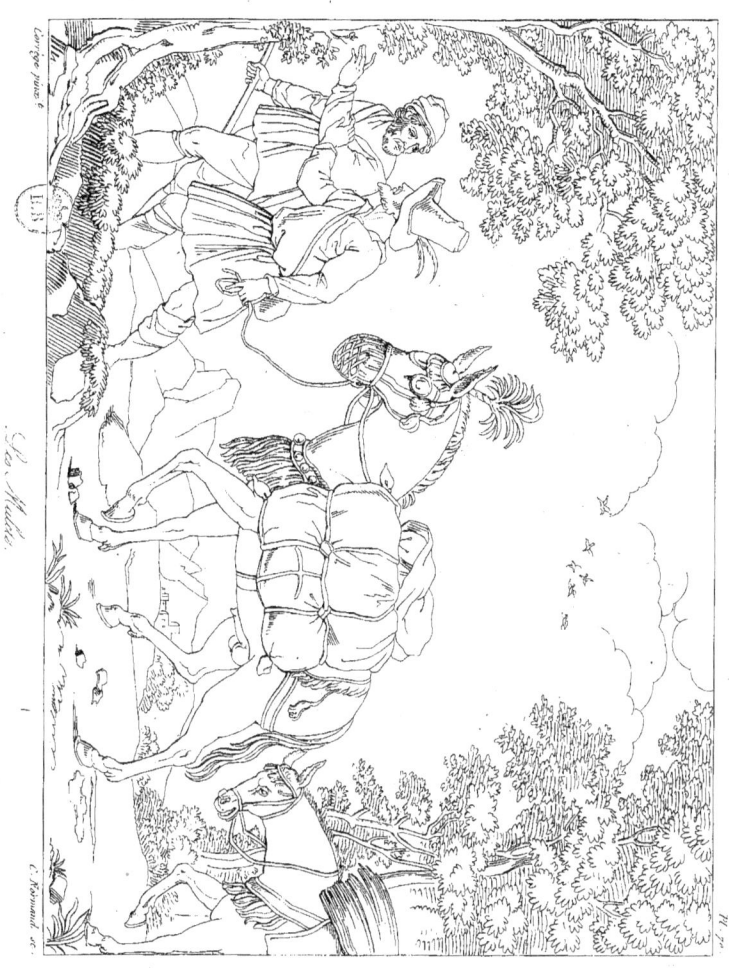

VIE ET ŒUVRE

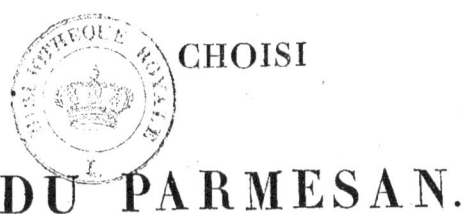

CHOISI

DU PARMESAN.

VIE
DU PARMESAN.

Né à Parme en 1504, François Mazzuoli ou Mazzuola, est plus connu sous le nom de Parmesan. Quelques écrivains le croient élève du Corrége, mais ils sont dans l'erreur. François Mazzuoli était encore enfant lorsqu'il perdit son père; ses deux oncles, qui étaient peintres, prirent soin de son éducation, et secondèrent les heureuses dispositions qu'il manifestait déjà pour un art qui semblait être héréditaire dans sa famille. Le Parmesan dut son avancement rapide à la vivacité et à la facilité d'esprit dont la nature l'avait doué. Un goût naturel le portait à dessiner de lui-même en apprenant à écrire; à l'âge de 16 ans, il exécuta à fresque plusieurs morceaux de son invention, et peignit à l'huile un Saint Jean, placé à Parme, dans l'église de l'Annonciade. Ses premiers tableaux annonçaient plutôt la main d'un maître que les essais d'un écolier.

Le Parmesan alla demeurer chez son cousin Jérôme Mazzuoli, bon peintre qui dans la suite devint son élève, et ils firent ensemble plusieurs ouvrages. Les troubles du pays les ayant forcés de s'expatrier, ils allèrent à Viadana, dans les états de Mantoue, où François peignit deux tableaux à détrempe, le mariage de Sainte Catherine et les stygmates de Saint François. Cependant la tranquillité revint dans la ville de Parme, et notre jeune peintre y étant retourné, y donna des preuves d'une capacité consommée. Il n'avait que 20 ans, et se sentant alors attiré à Rome par la haute réputation de Michel-Ange et de Raphaël, il s'y rendit accompagné d'un de ses oncles, et y porta trois tableaux de sa composition, une Vierge avec l'Enfant Jésus recevant des fruits de la main d'un ange, une tête de vieillard d'un très-beau fini, et son propre portrait. Clément VII, à qui il présenta ces ouvrages, n'en fut pas moins surpris que toute sa cour, et ils lui méritèrent l'affection de ce pontife, qui voulut avoir un tableau de sa main. Le Parmesan peignit une Circoncision; ce morceau fut regardé comme un chef-d'œuvre.

Les ouvrages des deux maîtres qu'il affectionnait le plus, Michel-Ange et Raphaël, lui donnèrent une si grande manière, à laquelle il joignit quelques chose de celle du Corrége, qu'elle a servi de modèle à un grand nombre de peintres; elle était tellement en faveur qu'on disait même à Rome, ainsi que le rapporte Vasari, que l'esprit de Raphaël avait passé dans la personne du Parmesan. Il était si appliqué à son travail, que pendant le sac de Rome, en 1527, il peignait avec une entière sécurité : les soldats espagnols qui s'introduisirent chez lui en furent frappés et le laissèrent continuer. Il ne lui en coûta que quelques dessins pour l'un d'entre eux qui aimait la peinture. Mais ceux-ci furent suivis de quelques autres qui le firent prisonnier et le dépouillèrent de tout ce qu'il possédait. Protogènes, s'était trouvé à Rhodes dans de pareilles circonstances, mais il avait été plus heureux.

Un des oncles du Parmesan, qui se trouvait alors à Rome, l'engagea à retourner à Parme. Mais avant de s'y rendre, il s'arrêta à Bologne, où il exécuta plusieurs tableaux d'autel et un grand nombre de dessins, qu'il fit graver en clair-obscur, par Antoine de Trente. Cette manière nouvelle, qu'il avait vu pratiquer à Rome, au moyen de plusieurs planches gravées en bois, successivement et séparément imprimées sur la même feuille de papier, imitait à s'y méprendre l'effet de dessins lavés et rehaussés de blanc. Il grava lui-même quelques-uns de ses dessins à l'eau-forte, et il eût voulu ne faire autre chose tant il avait pris goût à ce genre d'occupation.

Ce fut à Bologne qu'il eut occasion de voir Charles-Quint et d'assister à son couronnement, dont la cérémonie fut faite par Clément VII. Le Parmesan observa si bien l'empereur pendant son repas, qu'étant rentré chez lui, il en fit un tableau fort ressemblant. Charles-Quint était accompagné d'une Renommée qui lui mettait sur la tête une couronne de laurier, et il avait près de lui un enfant qui, sous les traits d'un jeune Hercule, lui présentait un globe faisant allusion à l'empire du monde. Le pape, surpris de la ressemblance du portrait, fit accompagner l'artiste par un évêque, qui le conduisit à l'empereur à qui il présenta son ouvrage. Charles-Quint en fut satisfait et voulait le garder, mais le Parmesan lui ayant fait observer que le tableau n'était pas entièrement terminé, il se priva, par sa bonne foi et sa modestie, d'une récompense qui probablement eût été digne du prince et de l'artiste.

De retour à Parme, il fut choisi pour peindre à fresque la voûte et la grande arcade de la *Madona della Steccata*, ouvrage considérable qui devait l'occuper pendant plusieurs années. Pour se délasser, il prenait plaisir à graver à l'eau-forte de petits sujets. Un graveur allemand qu'il avait dans sa maison, lui vola pendant qu'il dormait toutes ses planches et ses dessins; cette perte lui fut sensible, mais quelques tems après il recouvra ses planches.

Le Parmesan aurait dû être fort heureux, mais il fut peu récompensé de ses travaux; et pour comble d'infortune, la chimie ou plutôt l'alchimie fut cause de sa ruine, au lieu de contribuer à sa fortune comme il s'en était flatté. Il se livra à cette illusion avec tant d'ardeur, qu'il négligea la peinture et abandonna la coupole *della Steccata*. La confrérie de cette église, qui lui avait avancé une somme considérable, le poursuivit en justice. Il s'enfuit à *Cazal Maggiore*, où il se remit de nouveau à ses expériences chimiques. La vapeur du charbon et le mauvais état de ses affaires achevèrent d'altérer sa santé, et le plongèrent dans la mélancolie. Le peu de soin qu'il prenait de sa barbe et de ses cheveux en avait fait une figure de sauvage. Enfin la fièvre l'emporta dans cet état misérable en 1540. Le Parmesan n'a vécu que 36 ans; il avait lui-même ordonné sa sépulture à un mille de la ville, dans l'église *della Fontana* des Pères Servites.

La manière du Parmesan est gracieuse; il inventait facilement, mais il songeait moins à remplir ses compositions d'objets convenables, et à soigner l'expression de ses figures, qu'à les dessiner d'un caractère svelte et élégant. Ses pensées sont peu élevées; on pourrait même dire que la grâce qui brille en ses ouvrages est superficielle; néanmoins elle ne laisse pas de surprendre et de charmer les yeux.

Ce peintre paraît avoir peu consulté la nature, et c'est pour cette raison qu'on remarque peu de variété dans ses ouvrages. Son goût de dessin, quoique savant, est maniéré. Il affectait de faire les extrémités délicates et un peu grêles, ses attitudes sont nobles, ses airs de tête gracieux, ses draperies légères; il en a fait de volantes qui donnent beaucoup de mouvement à ses figures, mais elles ne sont pas toujours suffisamment motivées; comme les plis sont en petit nombre, elles donnent un air grandiose aux parties qu'elles couvrent. Le clair-obscur du Parmesan est assez large; sa couleur locale est commune et peu étudiée.

Malgré son extrême facilité, ce peintre n'a pas fait un très-grand nombre de tableaux; il a employé la plus grande partie de son tems à faire des dessins et à graver à l'eau-forte. On a beaucoup gravé d'après lui.

Ses principaux tableaux à Parme sont dans l'église de l'Annonciade; à Saint-Jean des Bénédictins; au Saint Sépulcre; à la *Madona della Steccata*.

A Rome, dans le palais du Vatican et à Saint *Salvator in lauro*.

A Bologne, dans l'église de San-Petronio et aux Religieuses de Sainte-Marguerite.

Plusieurs autres tableaux à *Cazal Maggiore*.

A Viadana, dans le duché de Mantoue.

Dans la galerie du duc de Modène.

Dans celle du duc de Parme.

A Dusseldorft, dans la galerie de l'Électeur palatin : le Roi de France possède deux tableaux de ce maître. On voyait, dans l'ancienne collection du Palais-Royal, le mariage de Sainte Catherine, deux tableaux de Sainte Famille, et l'Amour taillant un arc.

Les élèves du Parmesan sont : Jérôme Mazzuoli son cousin, et Caccianemici, gentilhomme bolonais.

Le nombre des estampes gravées par divers artistes d'après le Parmesan, tant sur cuivre que sur bois et en clair-obscur, se monte à près de 600 morceaux.

FIN.

TABLE

DES PLANCHES

DE

L'OEUVRE DU PARMESAN.

SUJETS DE PIÉTÉ.

Planche I. Le Mariage de la Vierge. Graveur, *Jacques Caraglio.*
Pl. II. L'Adoration des Bergers. Graveur *anonyme.*
Pl. III. L'Adoration des Bergers. Graveur, *Jacques Caraglio.*
Pl. IV. L'Adoration des Mages. Graveur *anonyme.*
Pl. V. Le Repos en Egypte. Graveur, *Bolswert.*
Pl. VI. La Vierge, l'Enfant Jésus et Saint Jean. Graveur *inconnu.*
Pl. VII. La Sainte Famille. Graveur, *François Bricio.*
Pl. VIII. La Sainte Famille. Graveur *anonyme.*
Pl. IX. La Sainte Famille. Graveur *anonyme.*
Pl. X. 1. La Vierge et l'Enfant Jésus. Graveur, *Michel Corneille.* 2. La Vierge, l'Enfant Jésus et deux Anges. Graveur, *Massé.*
Pl. XI. 1. La Vierge et l'Enfant Jésus. Graveur *anonyme.* 2. La Vierge et l'Enfant Jésus. Graveur *anonyme.*
Pl. XII. 1. La Vierge et l'Enfant Jésus. Graveur, *H. Vander Borcht.* 2. La Vierge et l'Enfant Jésus. Graveur, *Gilles Sadeler.*
Pl. XIII. 1. La Vierge et l'Enfant Jésus. Graveur, *Bolswert.* 2. La Vierge et l'Enfant Jésus. Graveur *idem.*
Pl. XIV. 1. L'Éducation de l'Enfant Jésus. Graveur *anonyme.* 2. Saint Jean-Baptiste. Graveur *inconnu.*
Pl. XV. 1. La Sainte Famille. Graveur, *Gilles Rousselet.* 2. Ecce Homo. Graveur, *Lucas Kilian.*
Pl. XVI. La Résurrection de N. S. Graveur *inconnu.*
Pl. XVII. La Résurrection de N. S. Graveur *inconnu.*
Pl. XVIII. Les Apôtres visitant le Tombeau de la Vierge. Graveur *inconnu.*
Pl. XIX. 1. Saint André. 2. Saint Pierre. Graveur *inconnu.*
Pl. XX. 1. Saint Thomas. 2. Saint Jean Évangéliste. Graveur *inconnu.*

Pl. XXI. 1. Saint Paul. 2. Saint Jacques majeur. Graveur *inconnu*.
Pl. XXII. 1. Saint Jacques mineur. 2. Saint Philippe. Graveur *inconnu*.
Pl. XXIII. 1. Saint Mathieu. 2. Saint Barthélemy. Graveur *inconnu*.
Pl. XXIV. 1. Saint Jean-Baptiste. 2. Saint Simon. Graveur *inconnu*.
Pl. XXV. La Vierge, l'Enfant Jésus, Saint Jean-Baptiste et Saint Jérôme. Graveur, *J. Bonasonio*.
Pl. XXVI. La Vierge, l'Enfant Jésus, Saint Sébastien et Saint Dominique. Graveur *inconnu*.
Pl. XXVII. Le Mariage de Sainte Catherine. Graveur *inconnu*.
Pl. XXVIII. Saint Roch. Graveur, *Fr. Brici*.
Pl. XXIX. Sujet inconnu. Graveur *anonyme*.
Pl. XXX. Sujet inconnu. Graveur *anonyme*.
Pl. XXXI. Sujet douteux. On présume qu'il représente Saint Nicolas qui, désirant voir établir les Vierges, profitait de leur sommeil pour leur envoyer des pommes d'or qui leur servaient de dot. Graveur *anonyme*.
Pl. XXXII. Sujet inconnu. Graveur *anonyme*.
Pl. XXXIII. Divers épisodes de l'histoire de Moïse. Graveur *inconnu*.

SUJETS HISTORIQUES ET MYTHOLOGIQUES.

Pl. XXXIV. Stratagème de Camille. Graveur, *Batt. del Moro*.
Pl. XXXV. Sujet inconnu. Graveur *anonyme*.
Pl. XXXVI. La Charité Romaine. Graveur *inconnu*.
Pl. XXXVII. 1. Lucrèce. Graveur *inconnu*. 2. Proserpine changeant Ascalaphe en Hibou. Graveur, *Enée Vico*.
Pl. XXXVIII. 1. La Pudeur. 2. Diane chasseresse. Graveur *inconnu*.
Pl. XXXIX. 1. Léda. 2. Diane chasseresse. Graveur *inconnu*.
Pl. XL. Circé. Graveur, *J. Bonasone*.
Pl. XLI. Circé. Graveur *idem*.
Pl. XLII. Mercure et Minerve. Graveur *idem*.
Pl. XLIII. Persée épouse Andromède. Graveur *inconnu*.
Pl. XLIV. Mars et Vénus. Graveur *inconnu*.
Pl. XLV. Sujet d'une églogue de Virgile. Graveur, *L. Vorsterman*.
Pl. XLVI. Jupiter et Antiope. Graveur *inconnu*.
Pl. XLVII. 1. L'Amour taillant son arc. Graveur, *J. Bouillard*. 2. Ganimède. Graveur, *H. Vander Borcht*.
Pl. XLVIII. Trois Amours. Graveur *inconnu*.
Pl. XLIX. Vénus sur les eaux. Graveur, *Bolswert*.
Pl. L. Les Parques. Graveur *anonyme*.
Pl. LI. Thésée retrouve les armes de son père. Graveur *inconnu*.
Pl. LII. Tritons et Néréides. Graveur *inconnu*.
Pl. LIII. Diane conduisant des chiens en lesse. Graveur, *Vincent, Caccianemici*, V. C.

FIN DE LA TABLE.

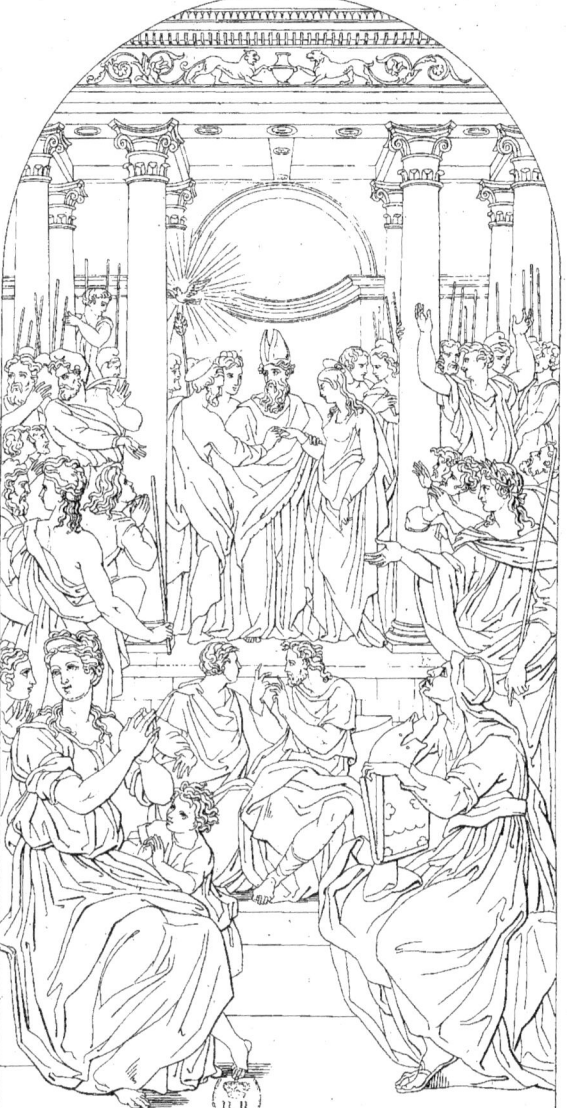

Le Mariage de la Vierge.

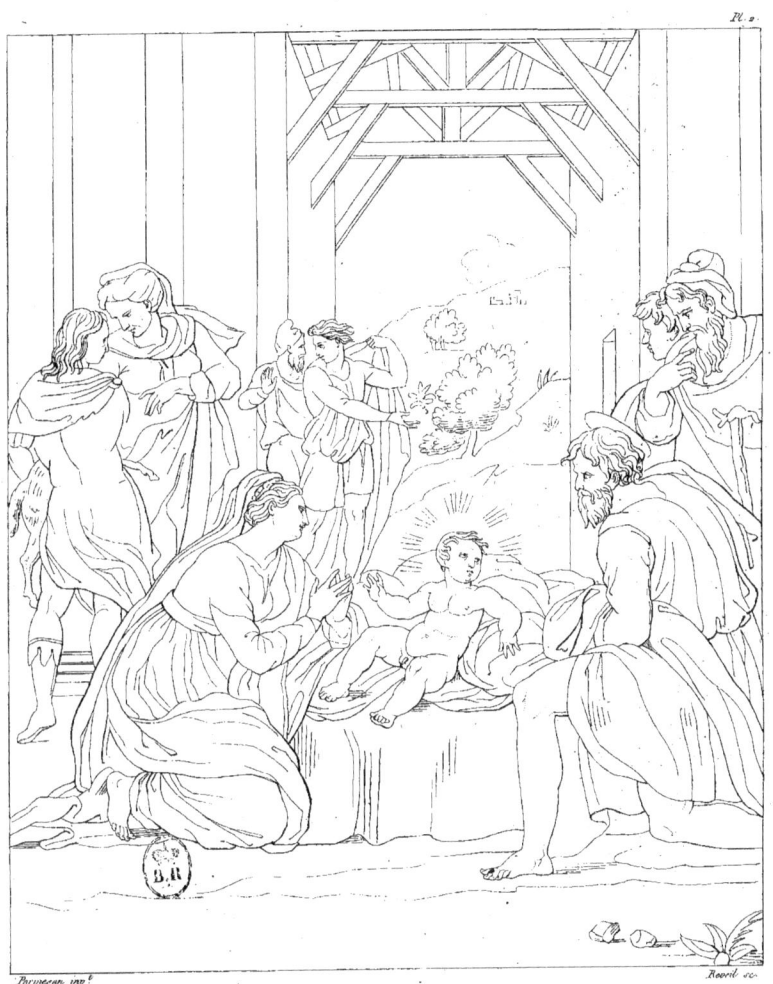

L'Adoration des Bergers.

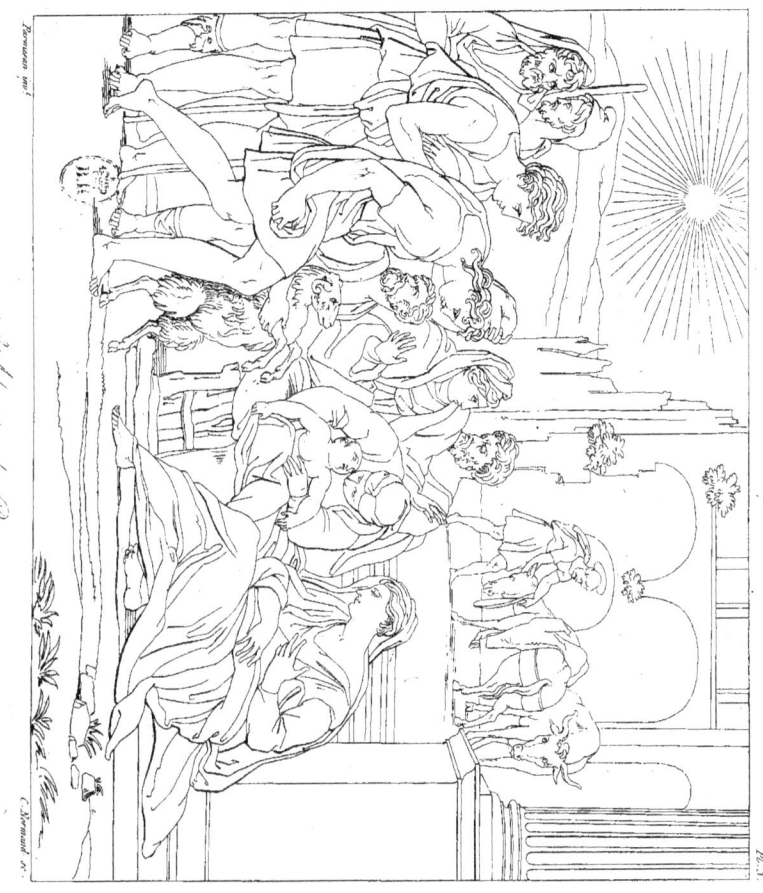

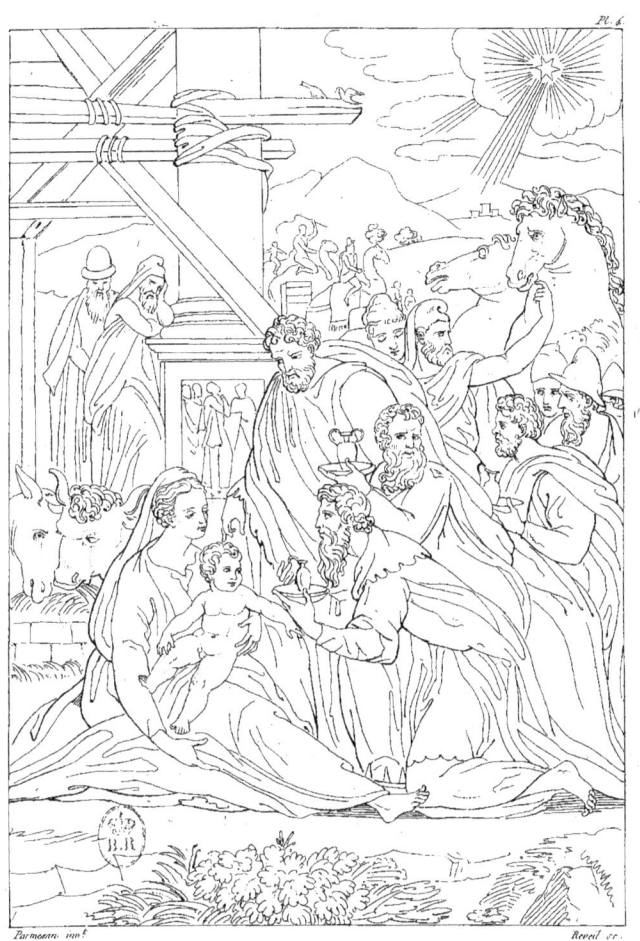

L'Adoration des Mages.

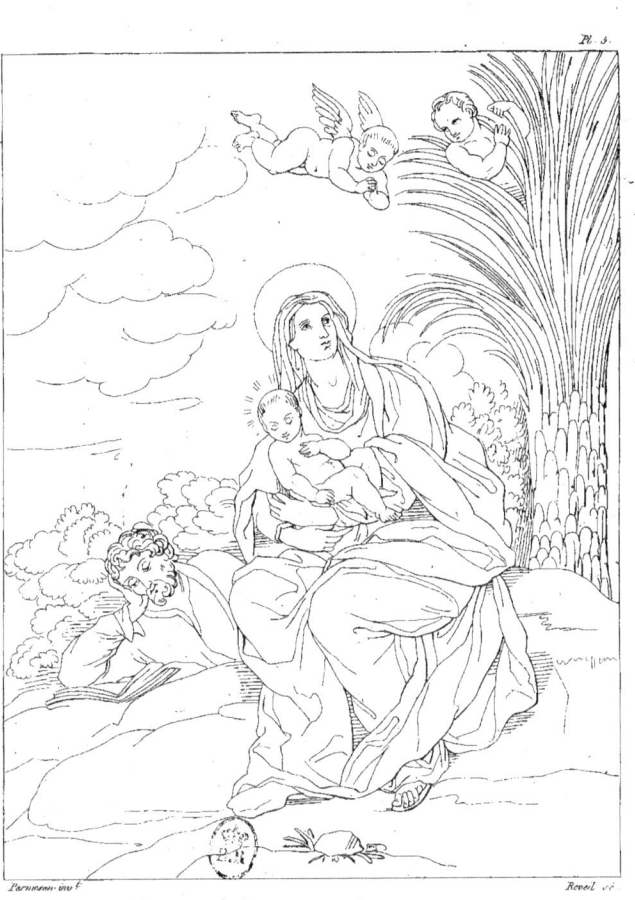

Le Repos en Égypte.

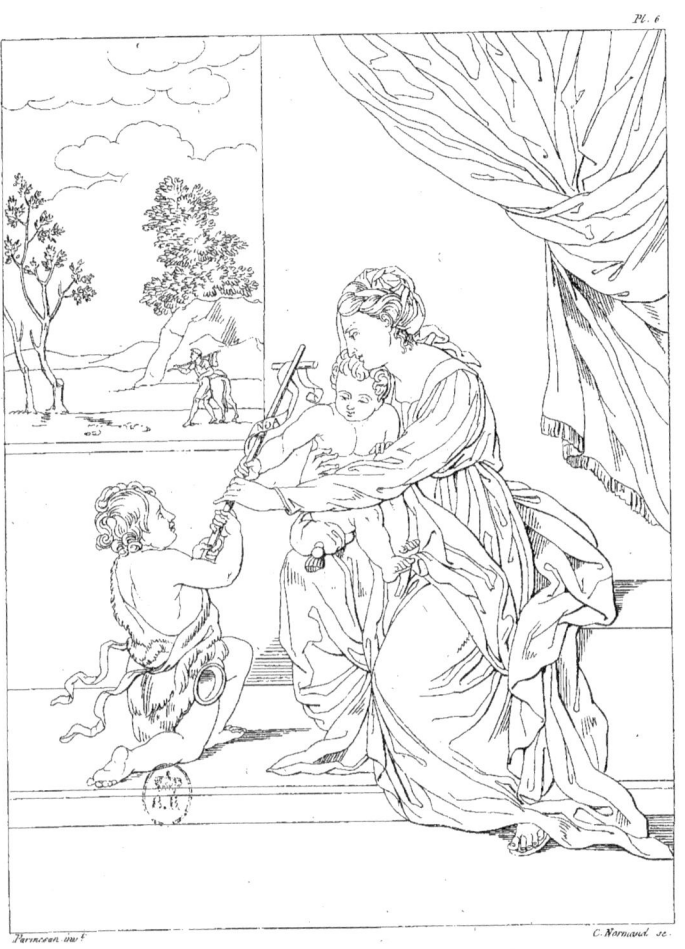

La Vierge, l'Enfant Jésus et St. Jean.

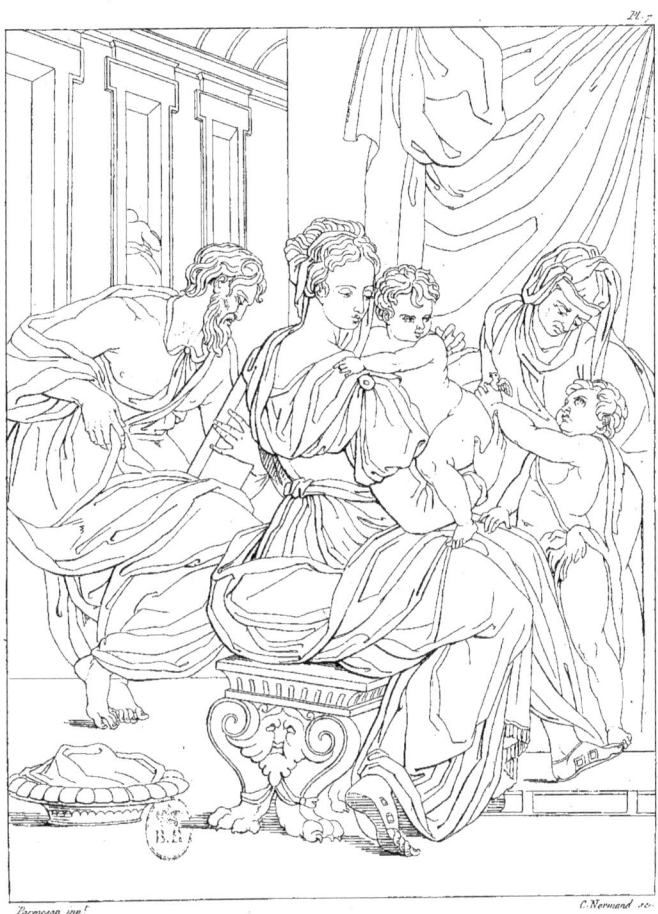

La S.te Famille.

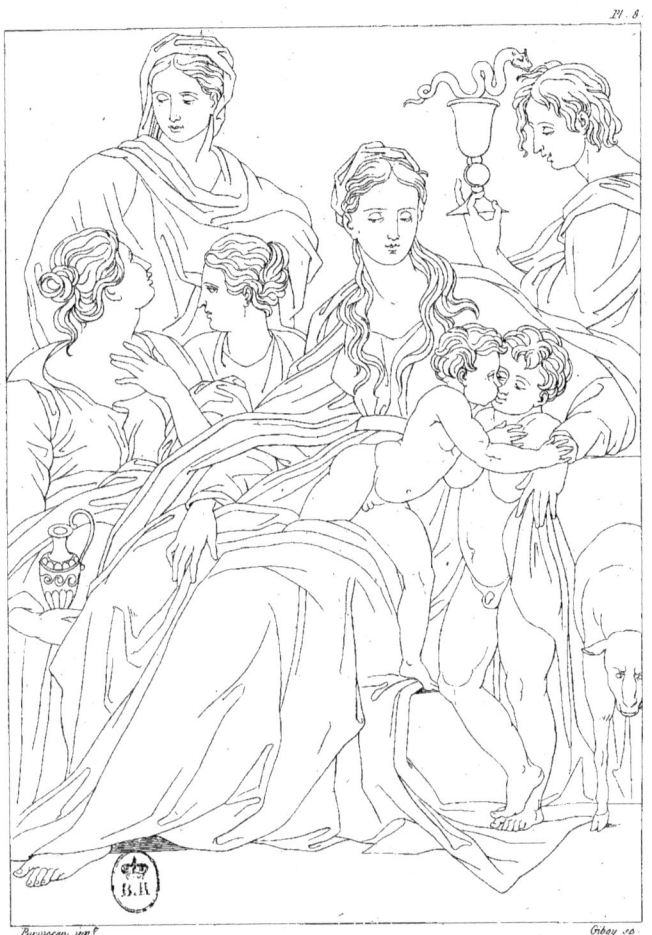

La Ste Famille.

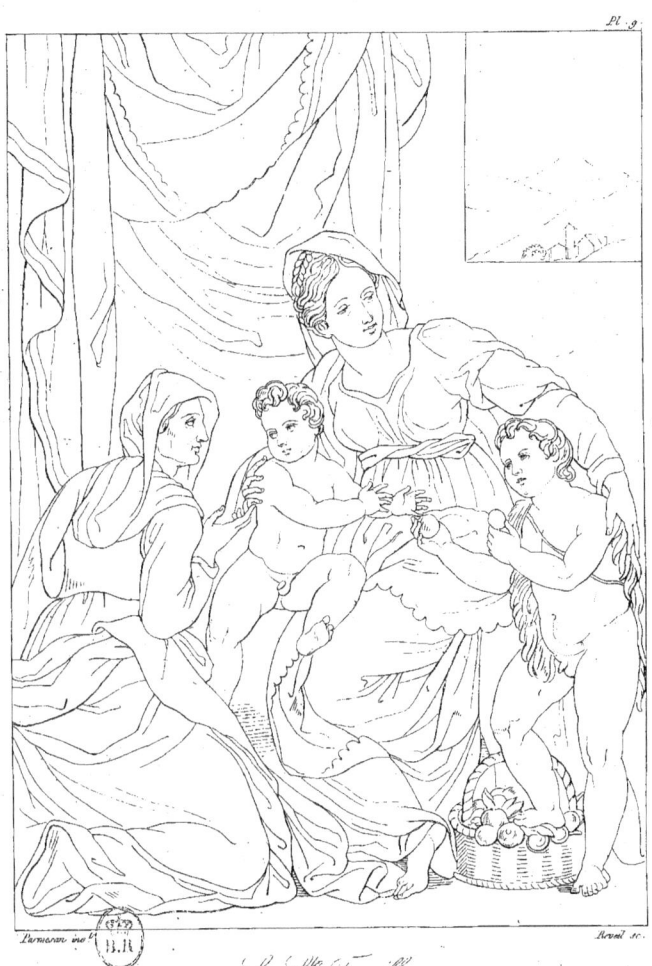

La Ste Famille.

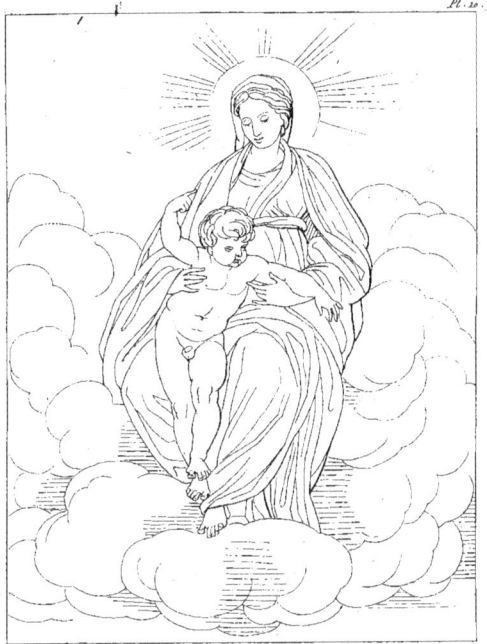

La Vierge et l'Enfant Jésus.

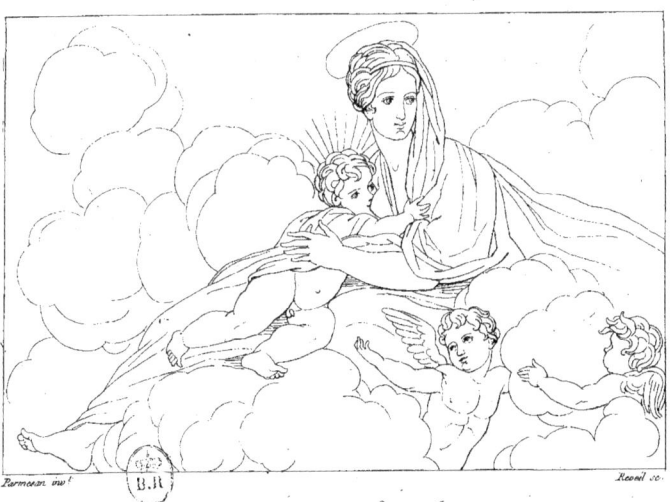

La Vierge et l'Enfant Jésus.

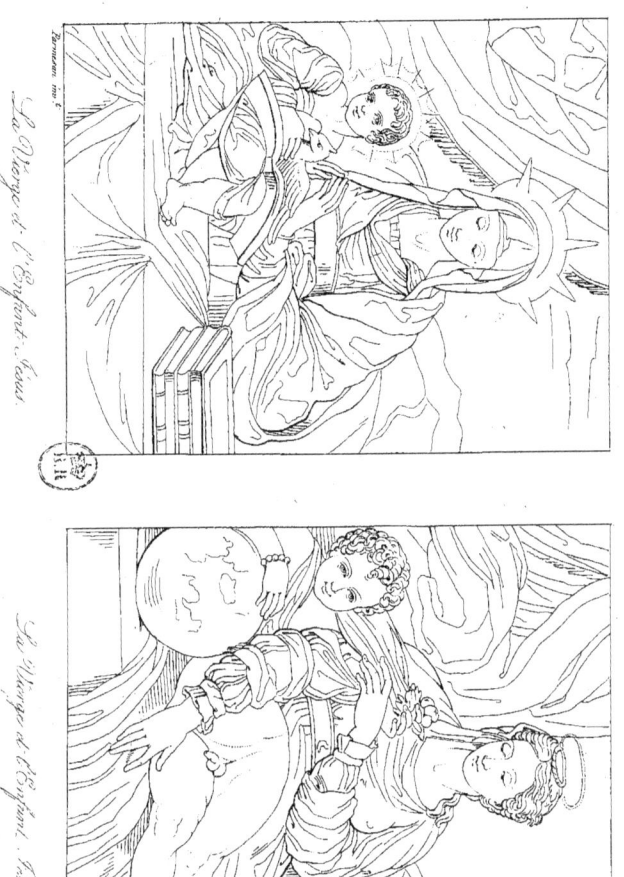

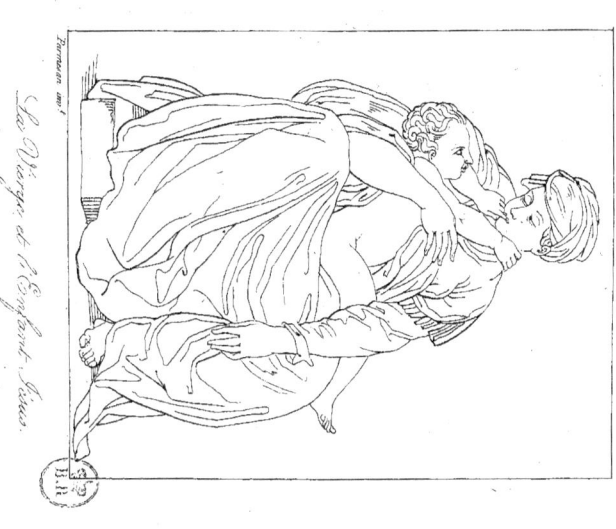

La Vierge et l'Enfant Jésus.

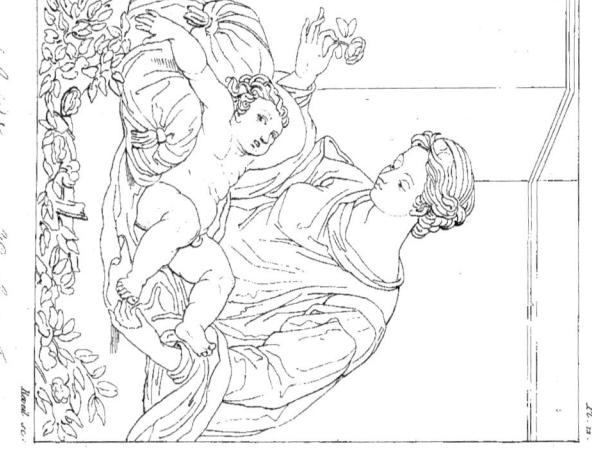

La Vierge et l'Enfant Jésus.

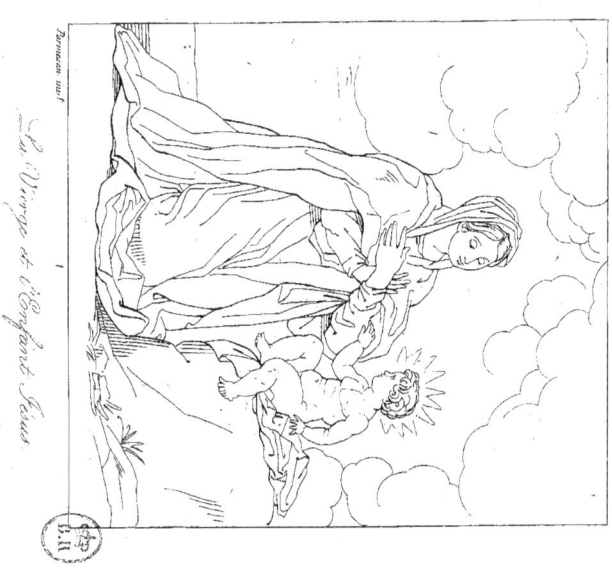

La Vierge et l'Enfant Jésus.

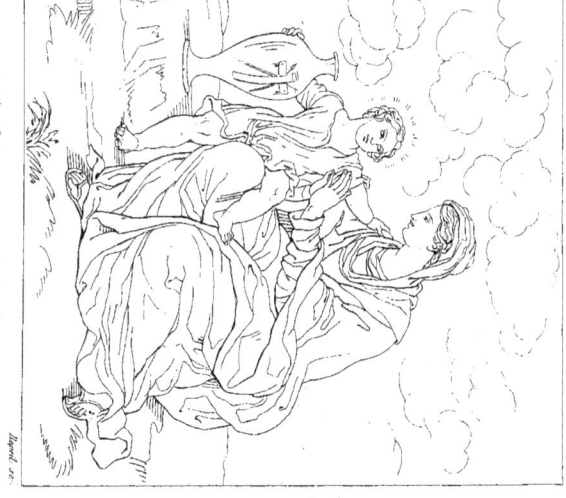

La Vierge et l'Enfant Jésus.

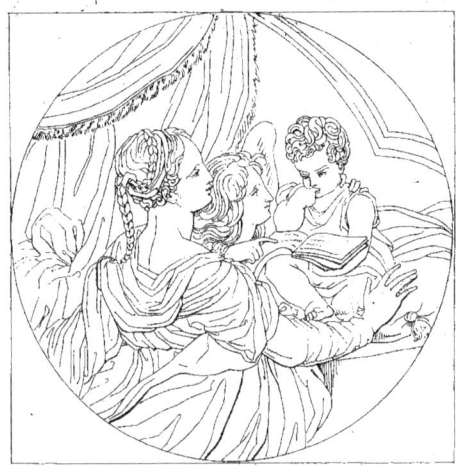

Education de l'Enfant Jésus.

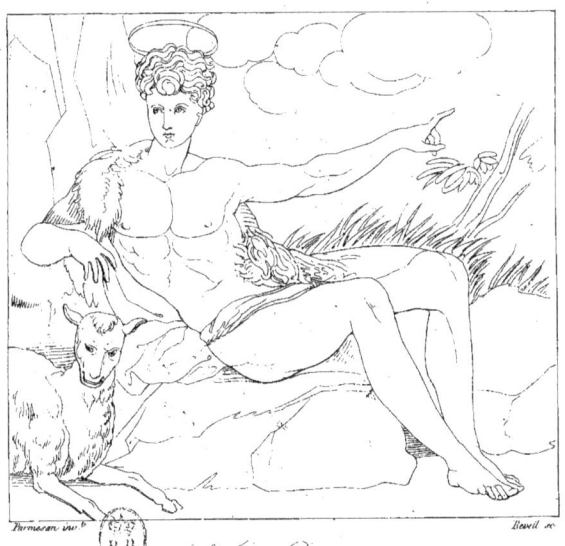

S.t Jean Baptiste.

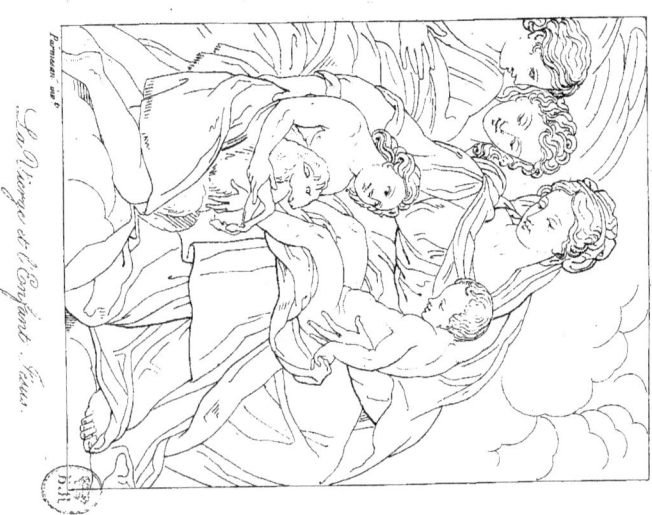
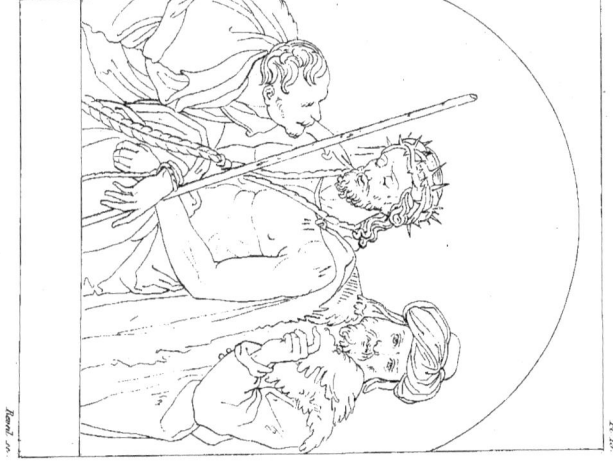

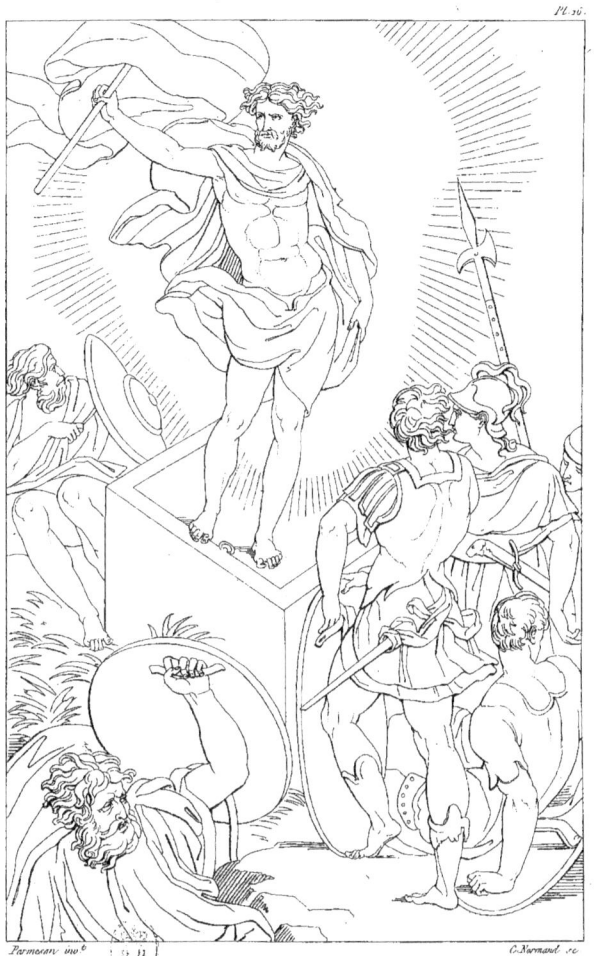

La Résurrection de N. S.

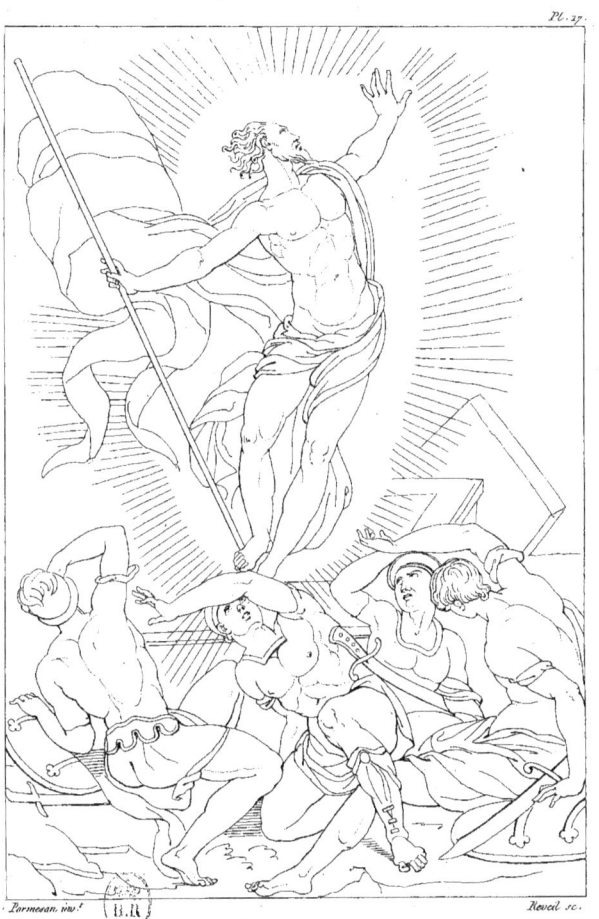

La Résurrection de N. S.

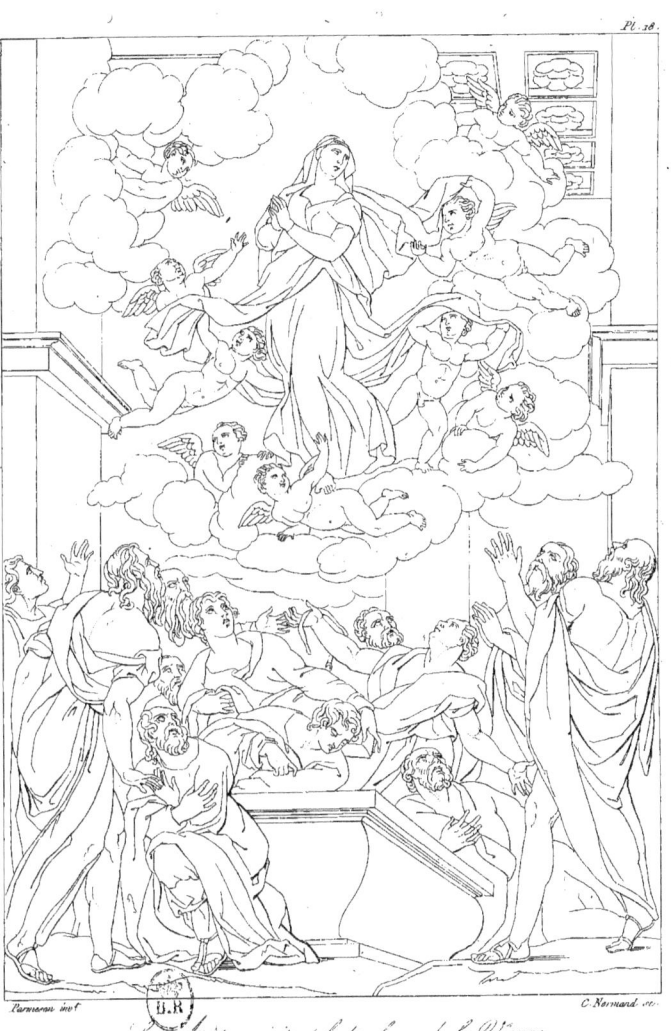

Les Apôtres visitant le tombeau de la Vierge.

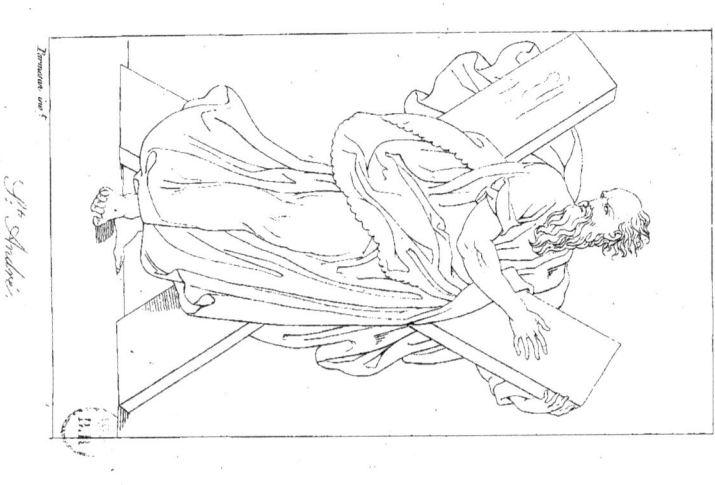

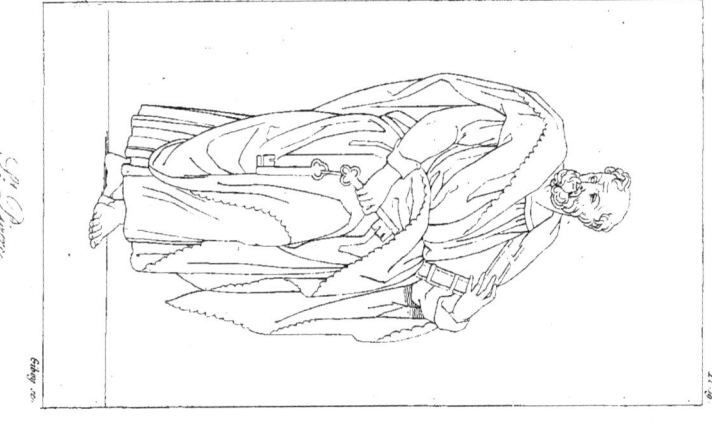

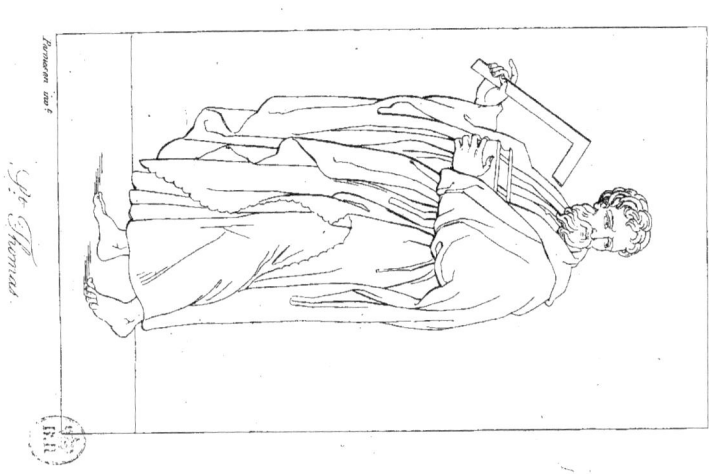

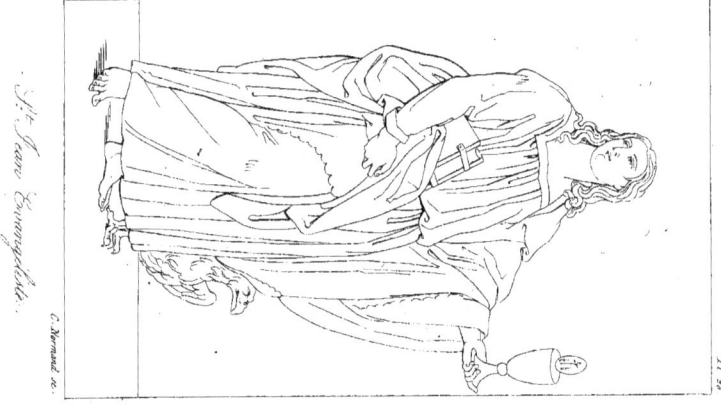

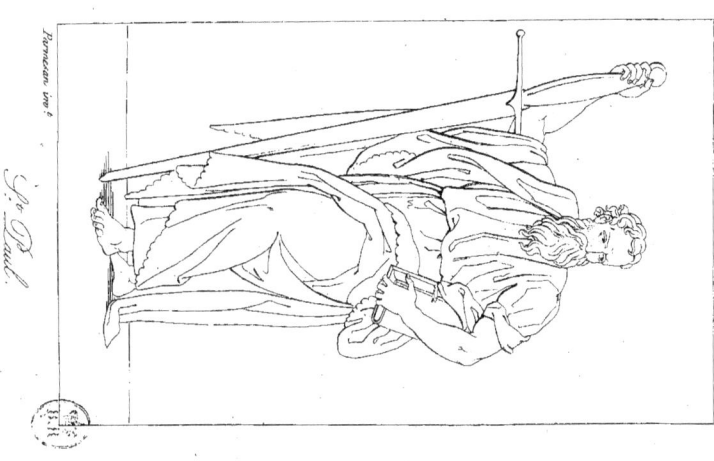

S.t Paul.

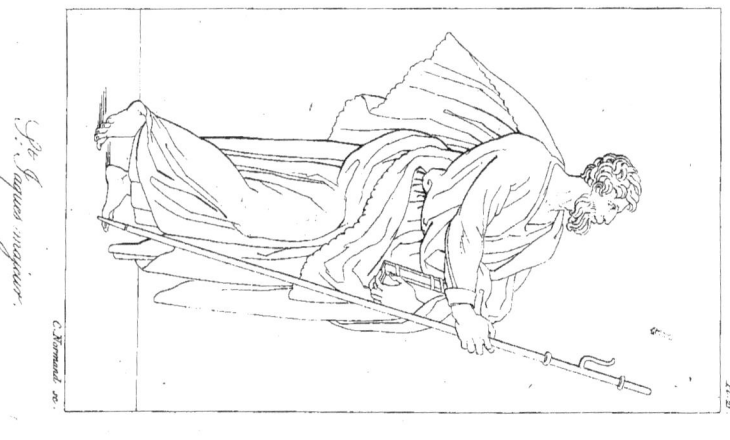

S.t Jacques majeur.

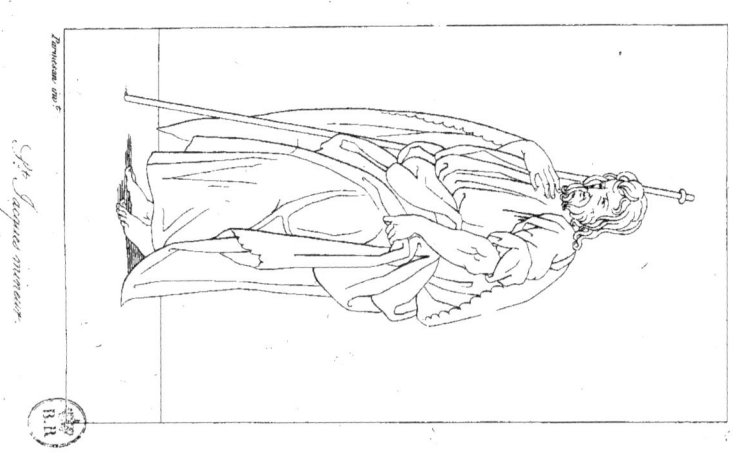

S.t Jacques mineur

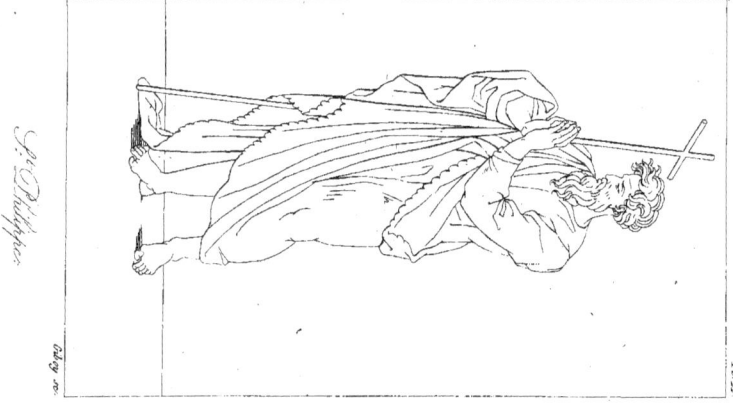

S.t Philippe

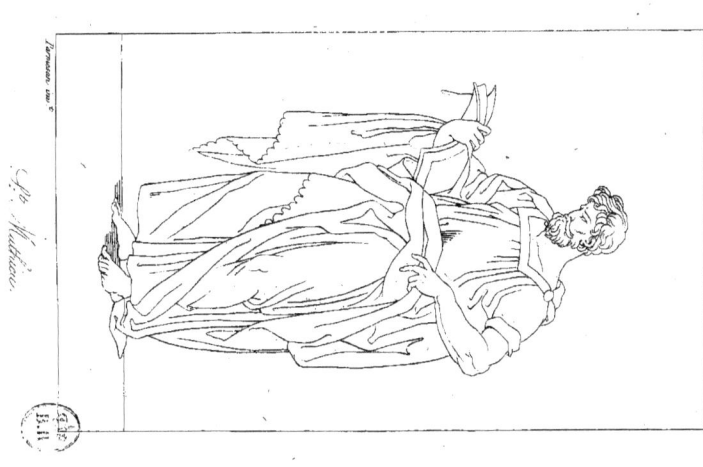

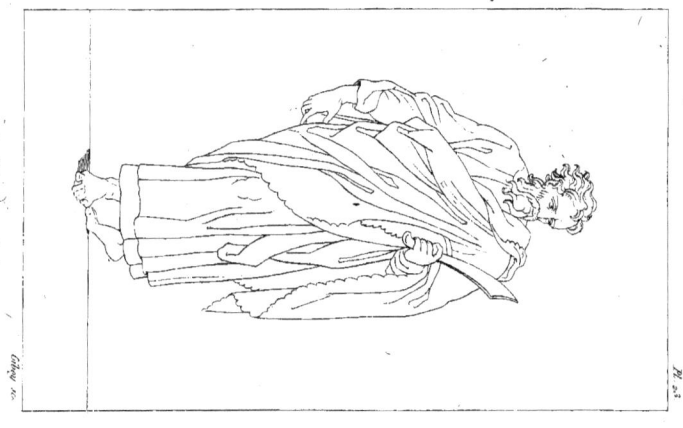

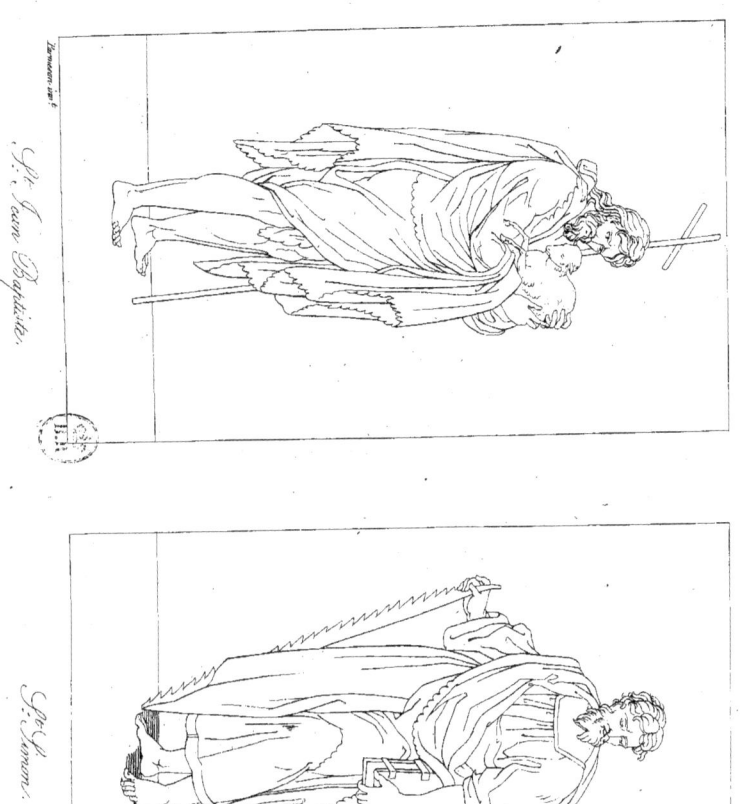

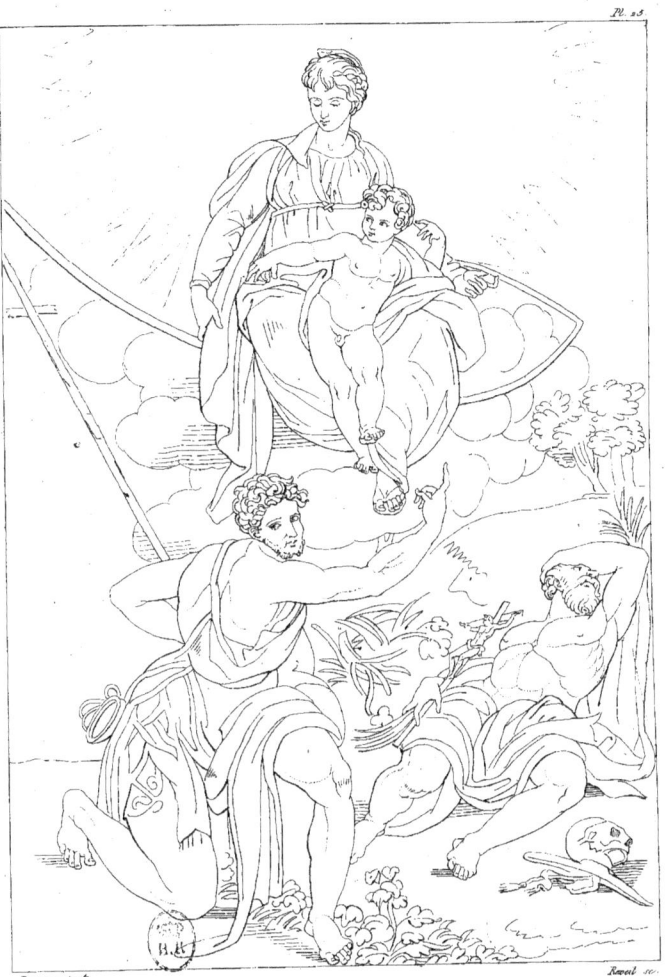

La Vierge, l'Enfant Jésus, St. Jean et St. Jérôme.

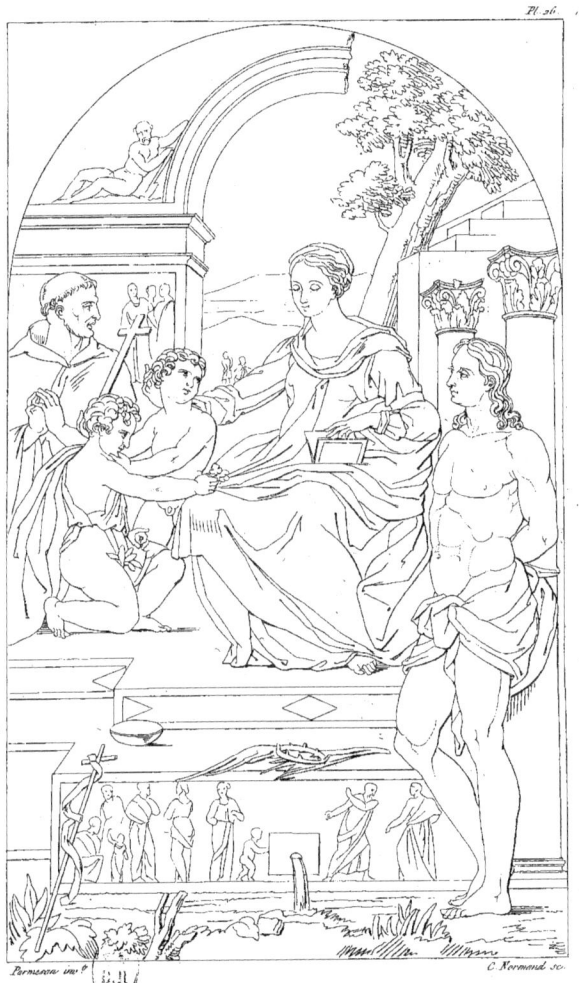

La Vierge, l'Enfant Jésus, St. Sébastien et St. Dominique.

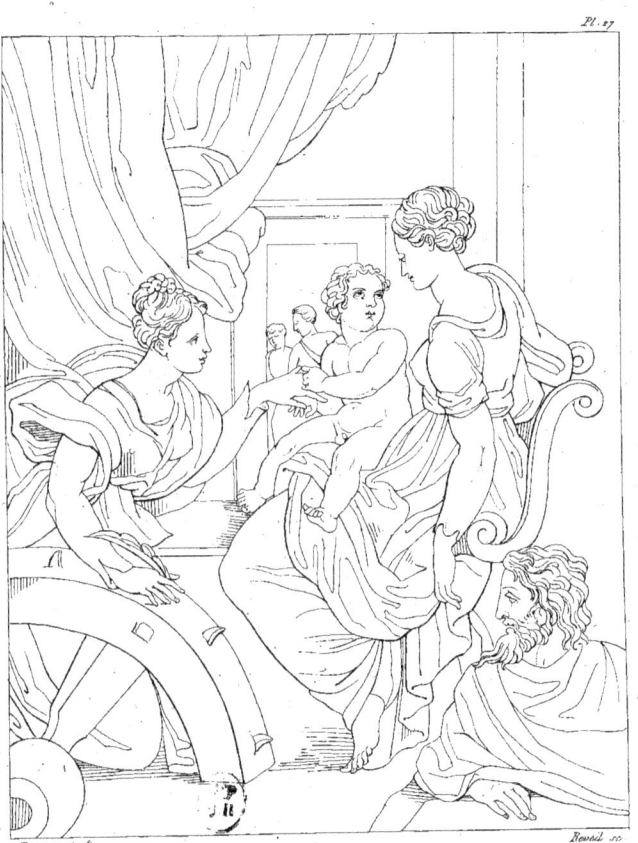

Le Mariage de S.te Catherine.

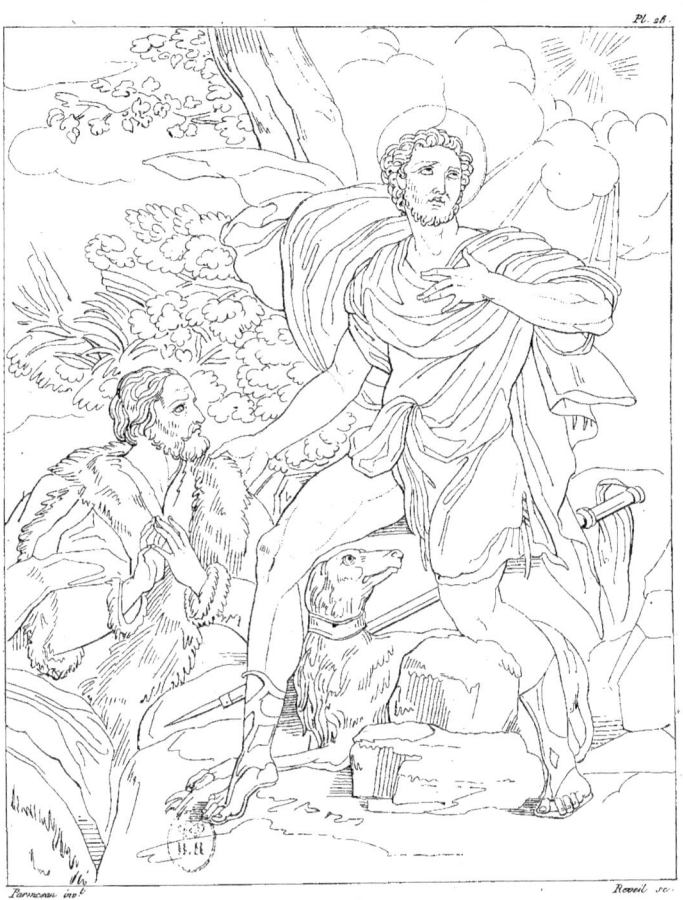

St. Roch.

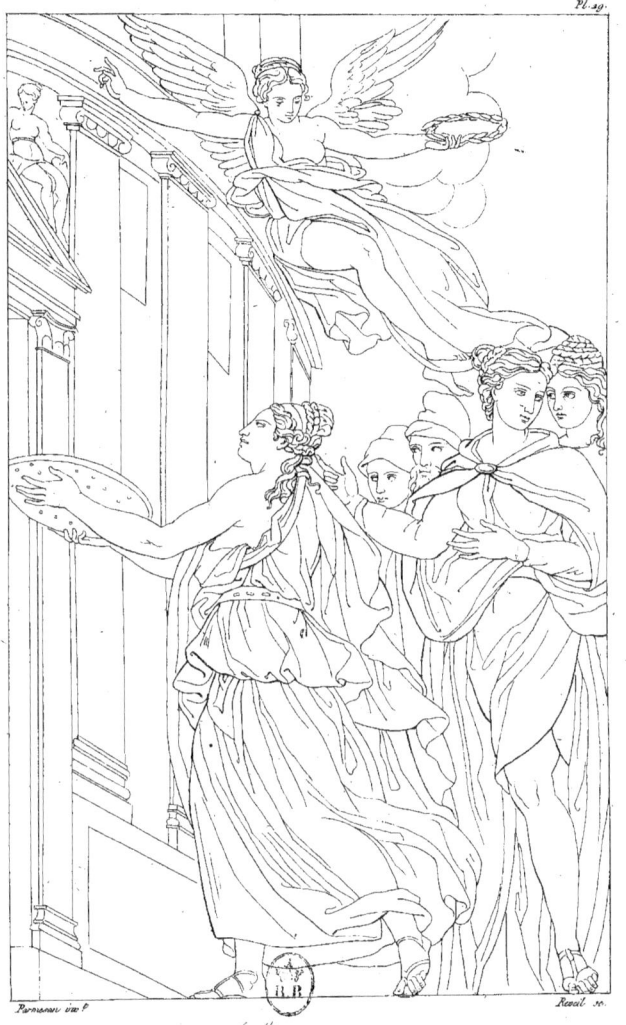

Sujets inconnus.

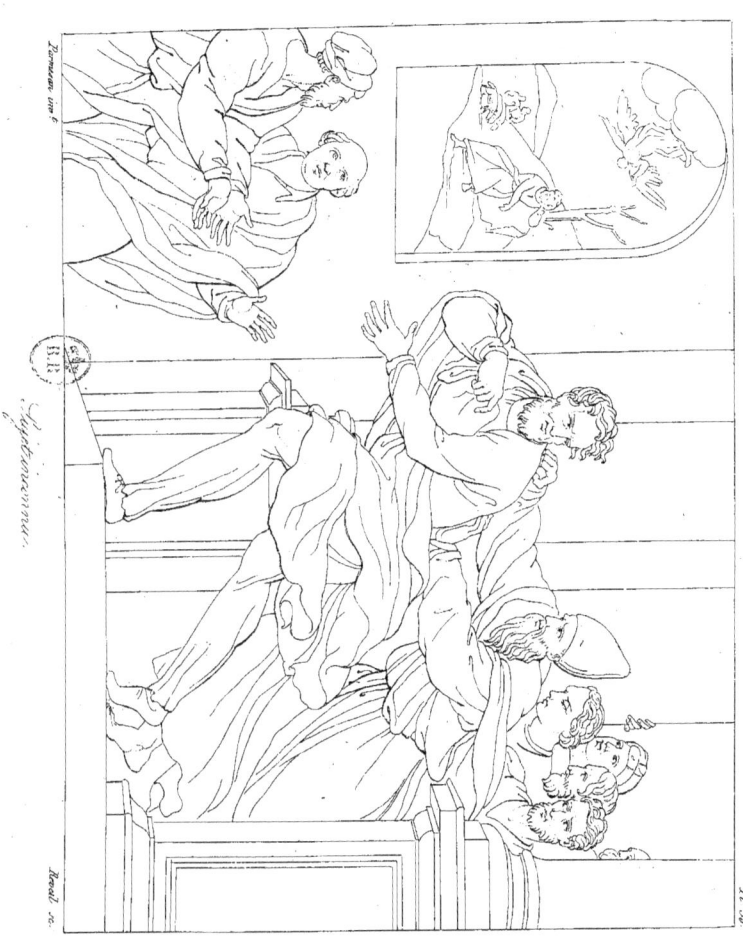

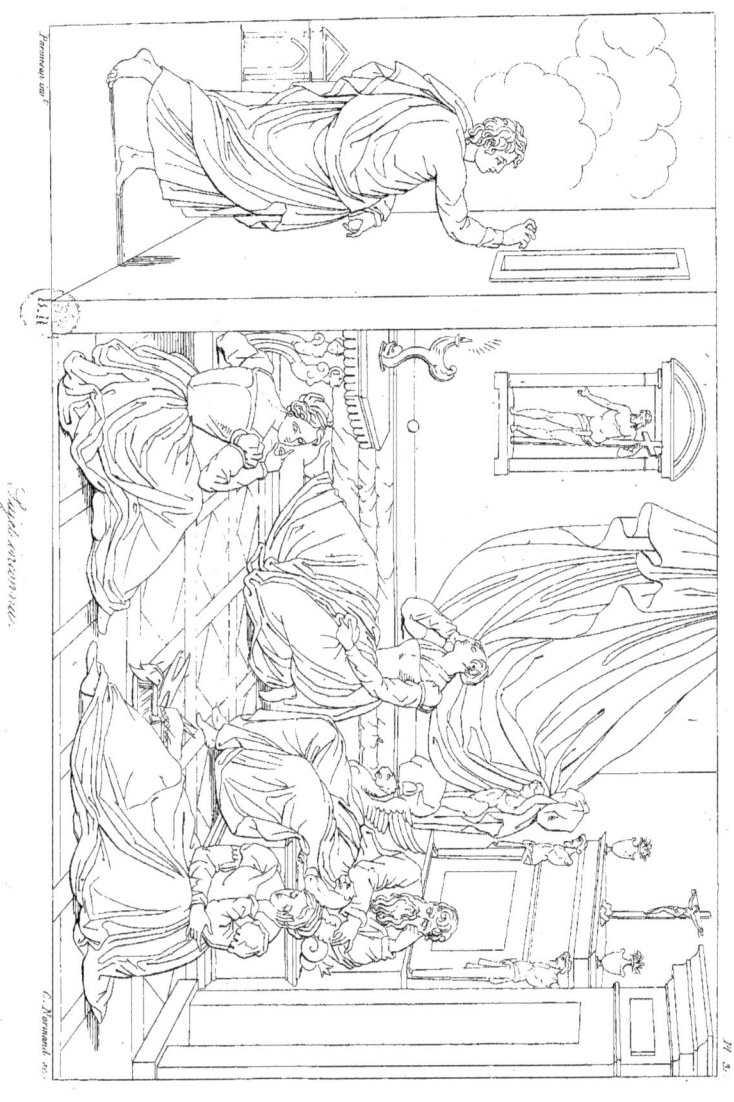

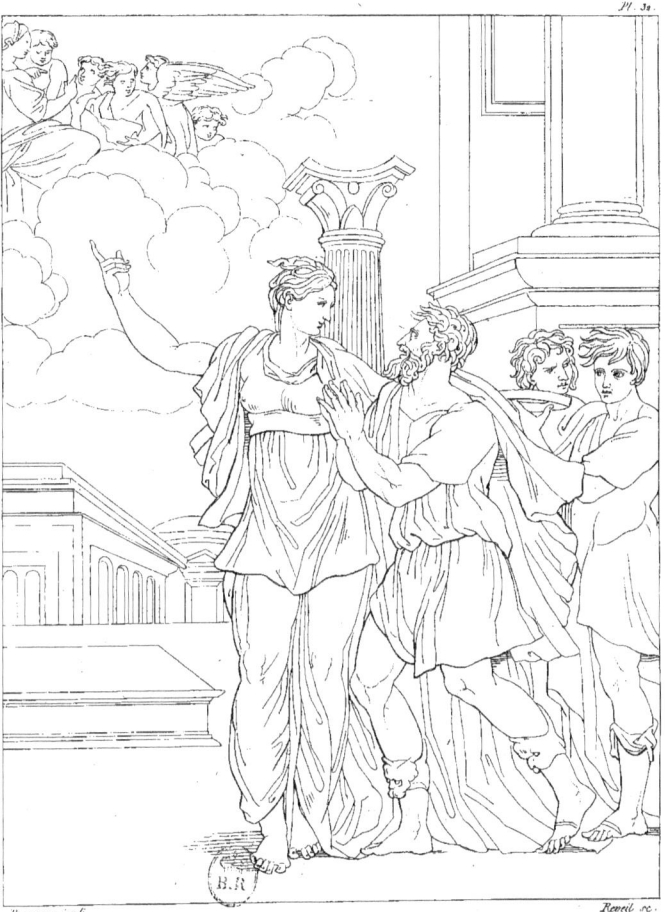

Sujet inconnu.

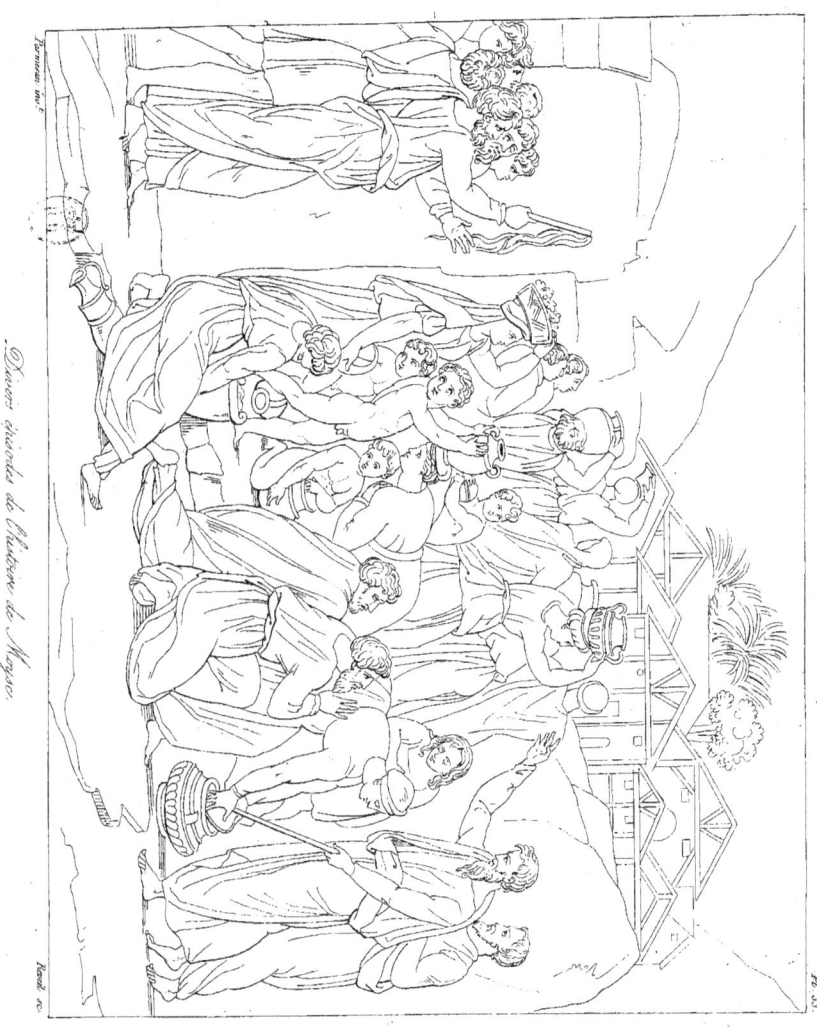

Danses sacrées de Chambres de Nagor.

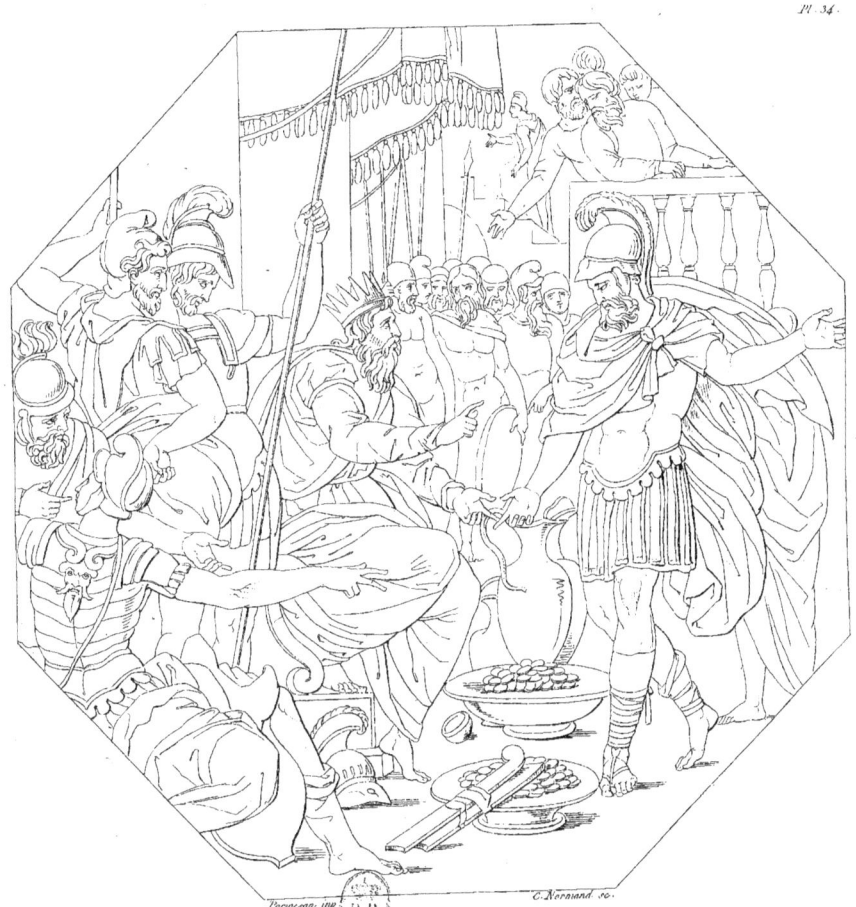

Stratagême de Camille.

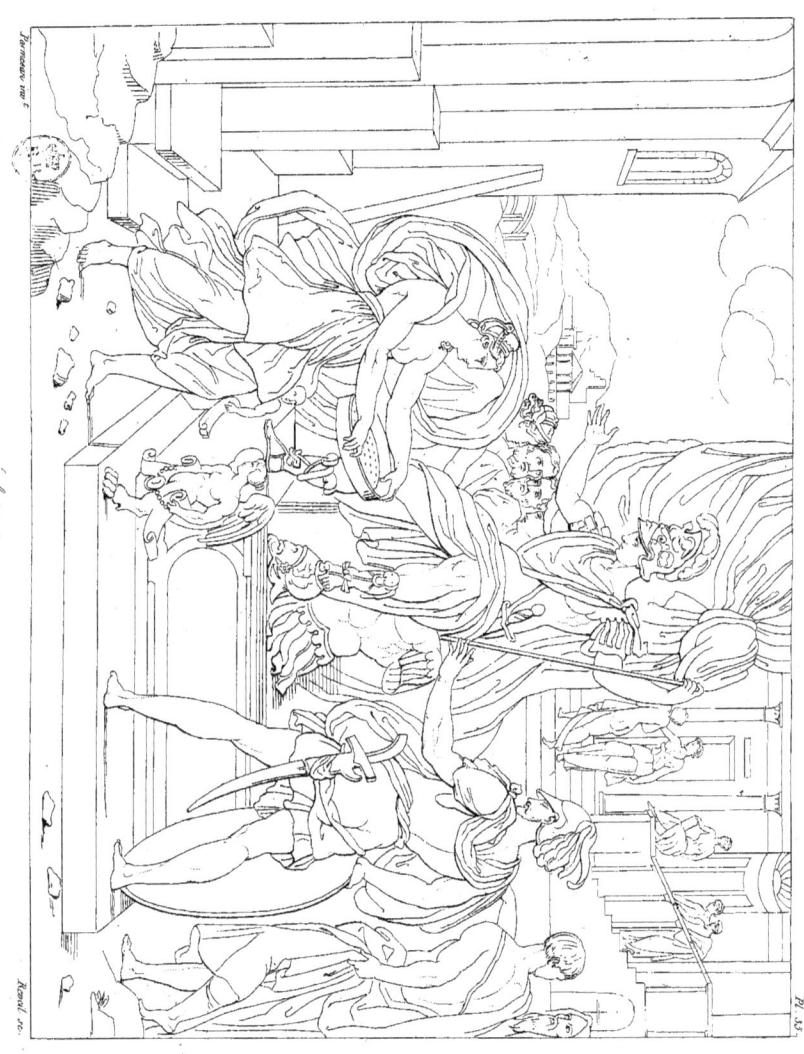

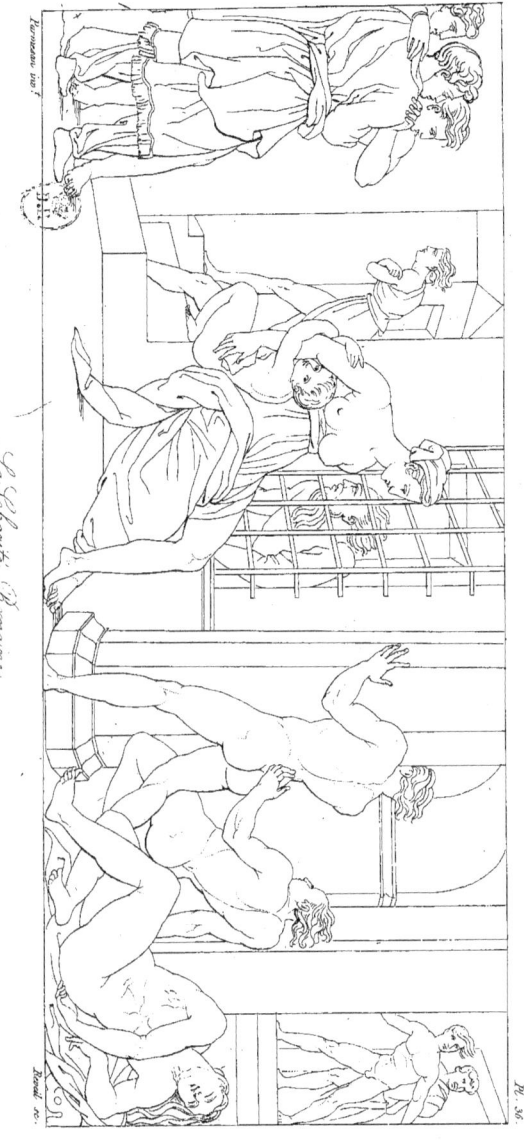

La Charité Romaine

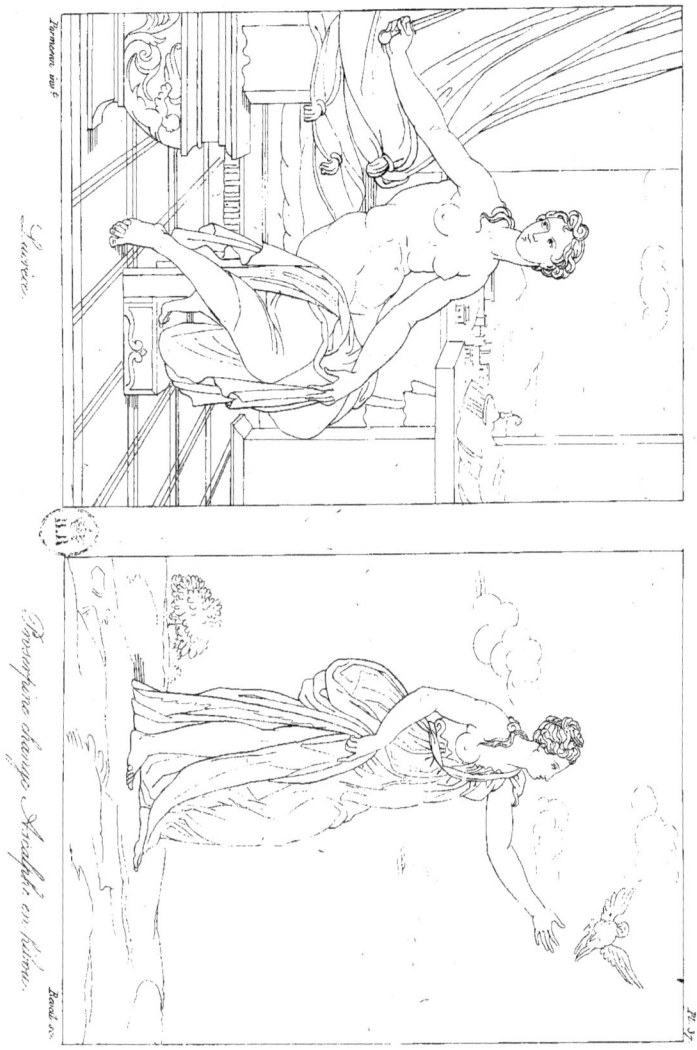

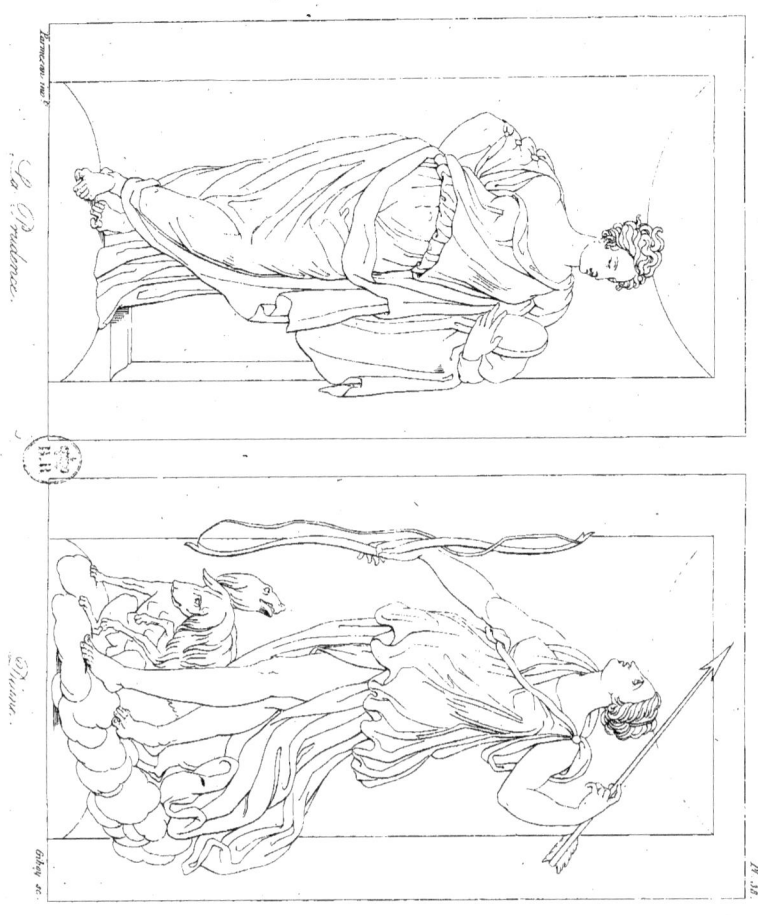

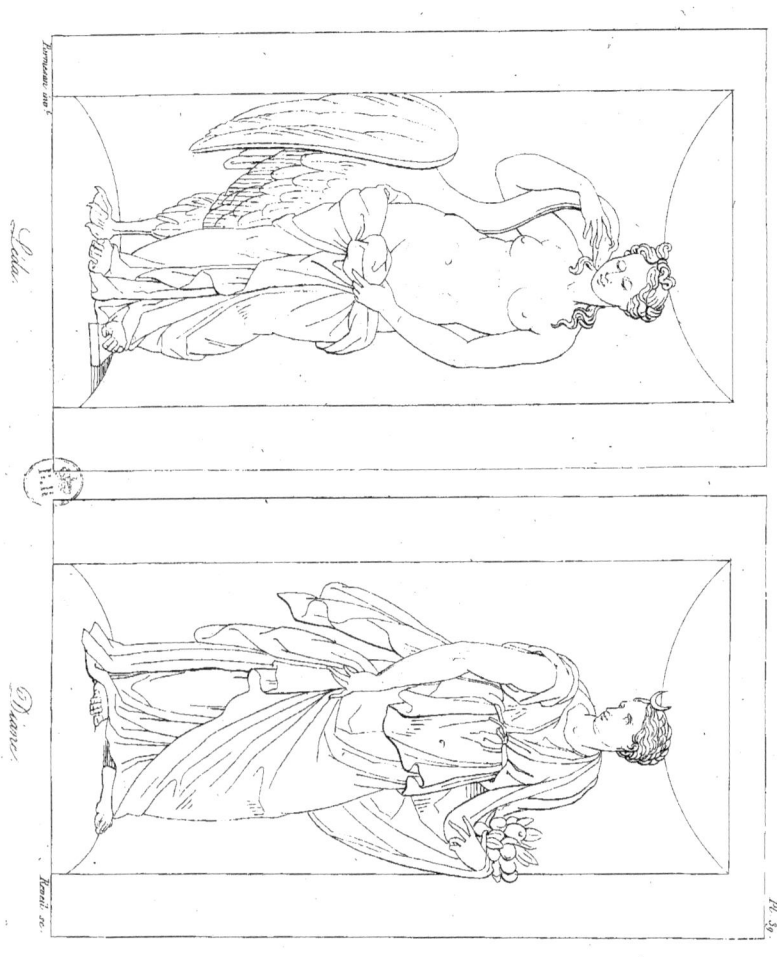

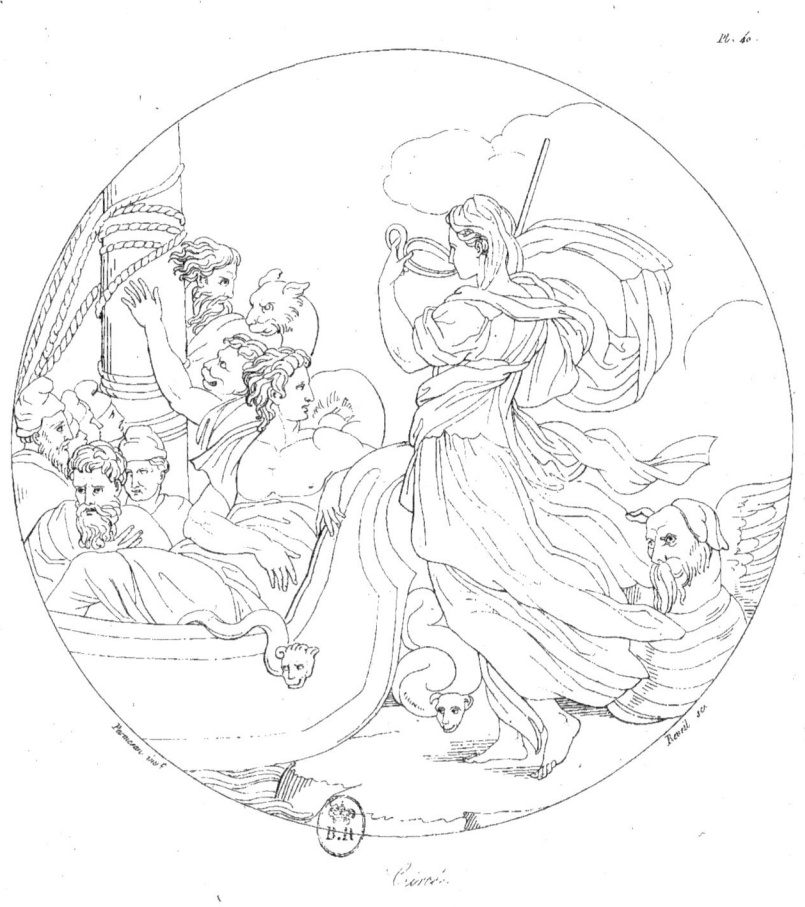

Circé.

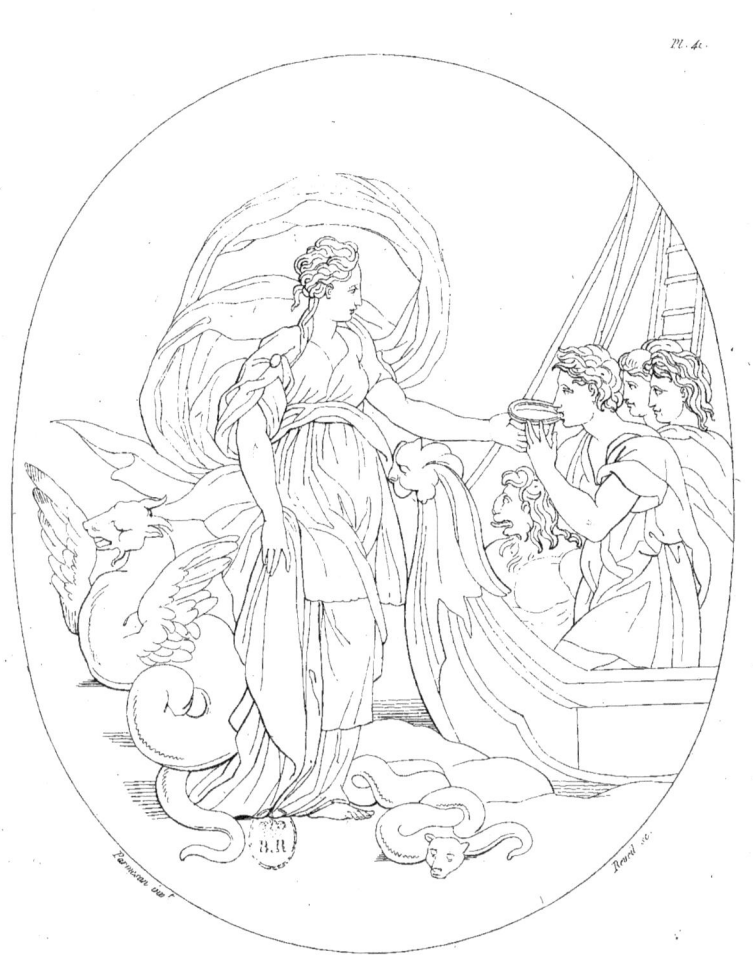

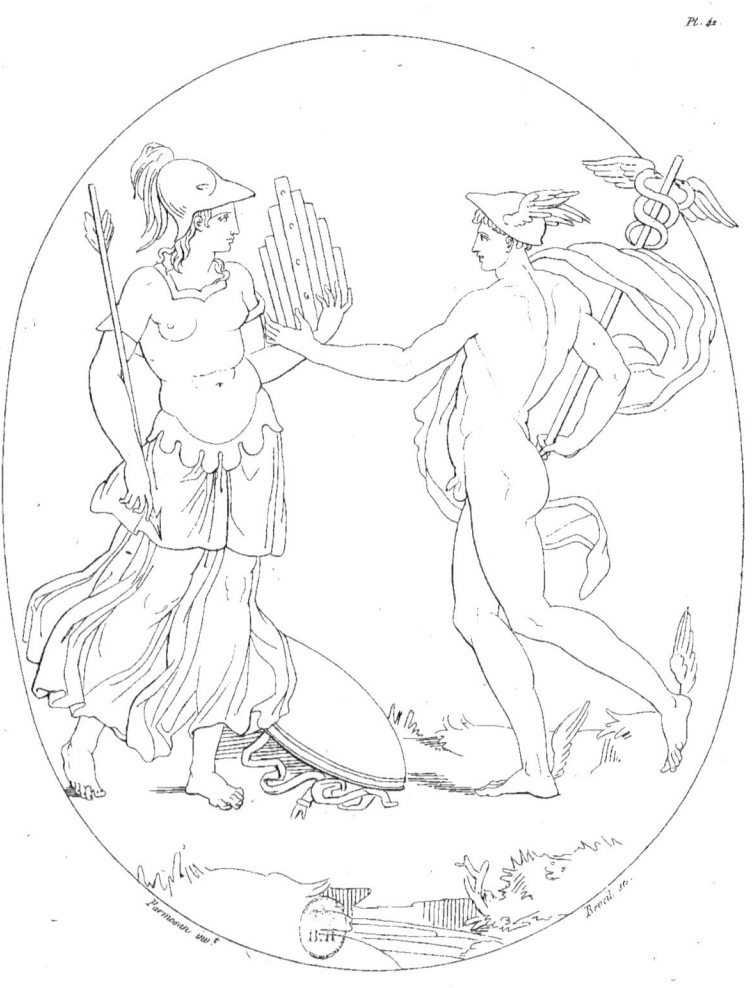

Mercure et Minerve.

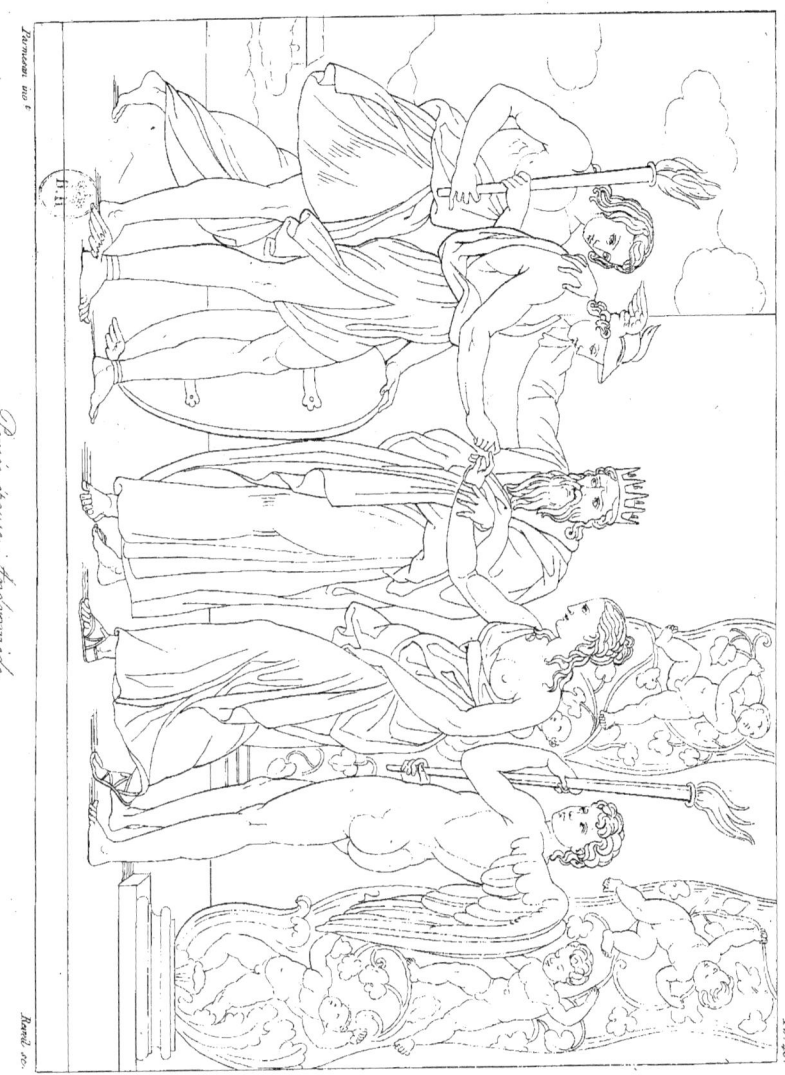

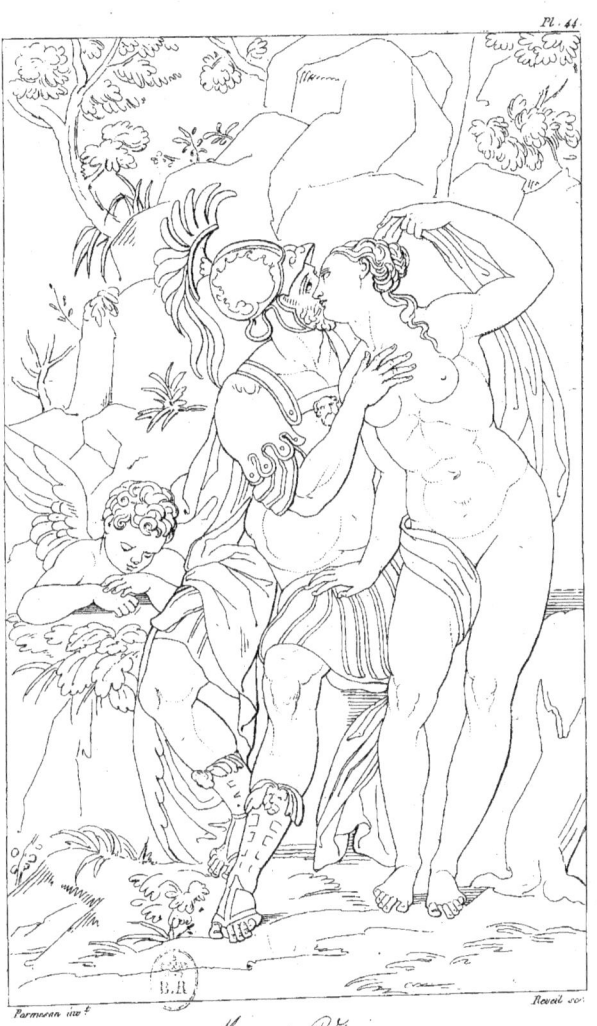

Mars et Venus.

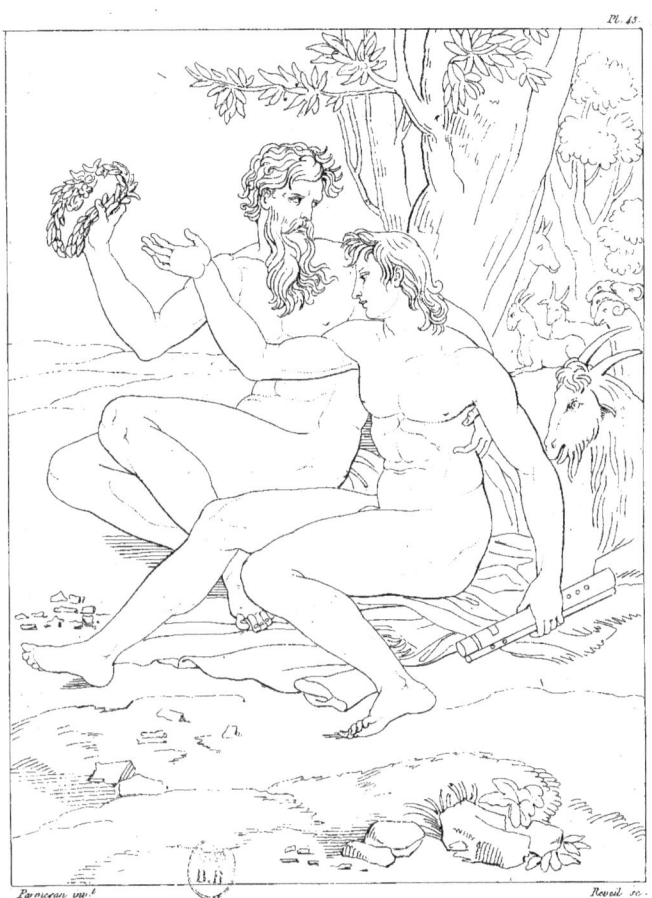

Sujet tiré d'une Églogue de Virgile.

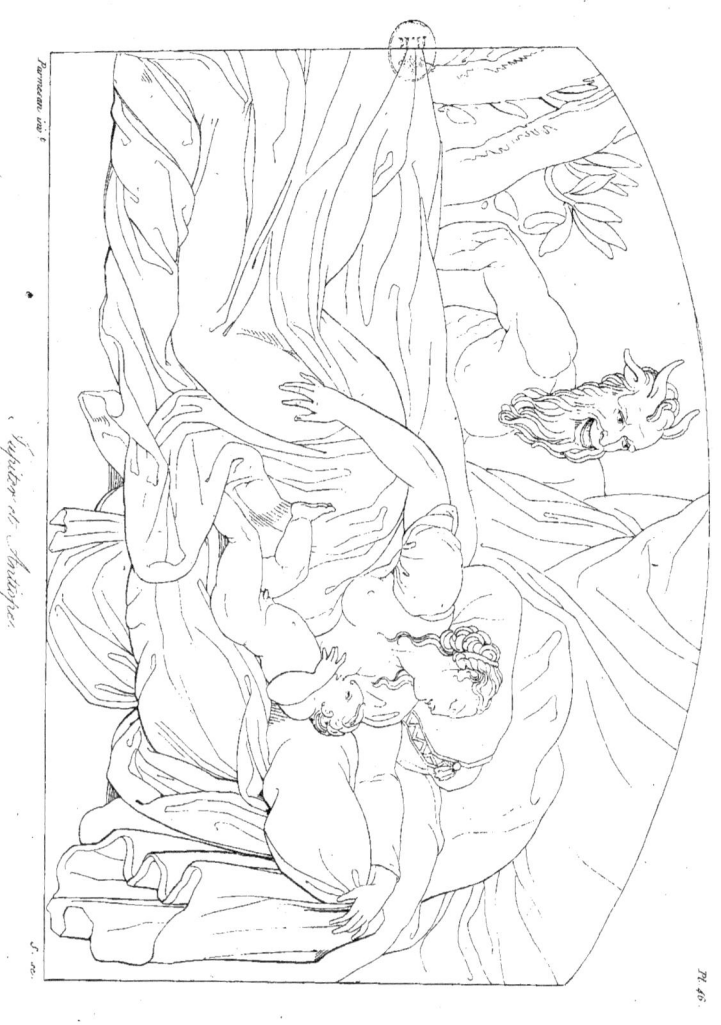

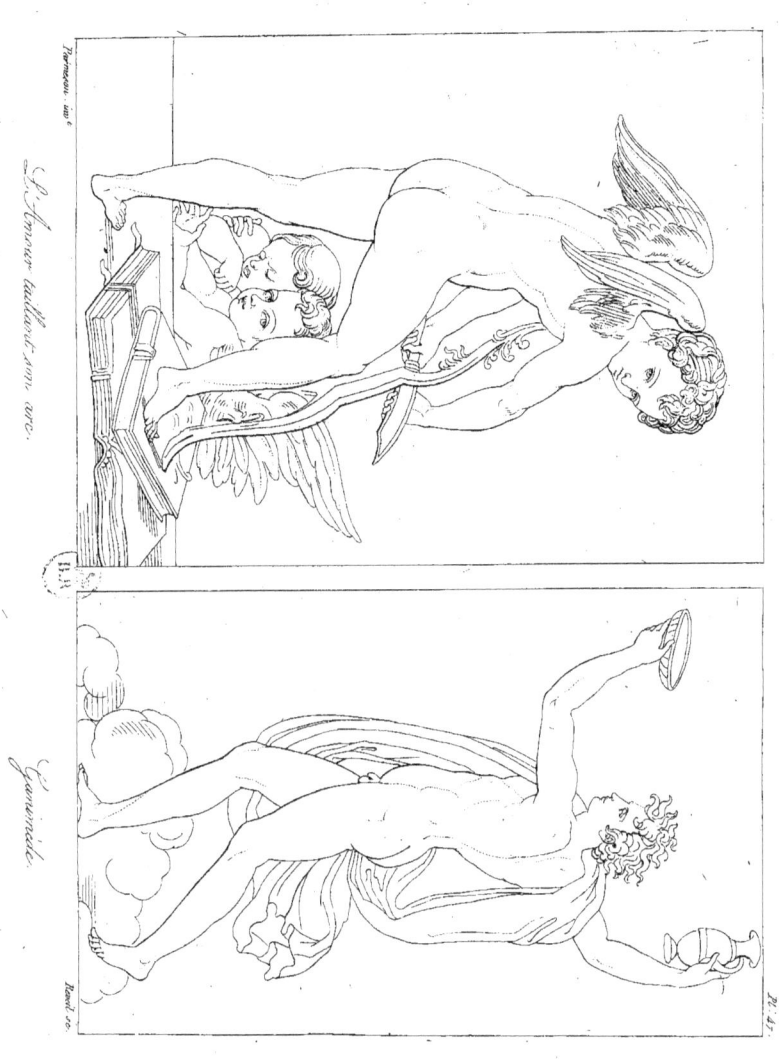

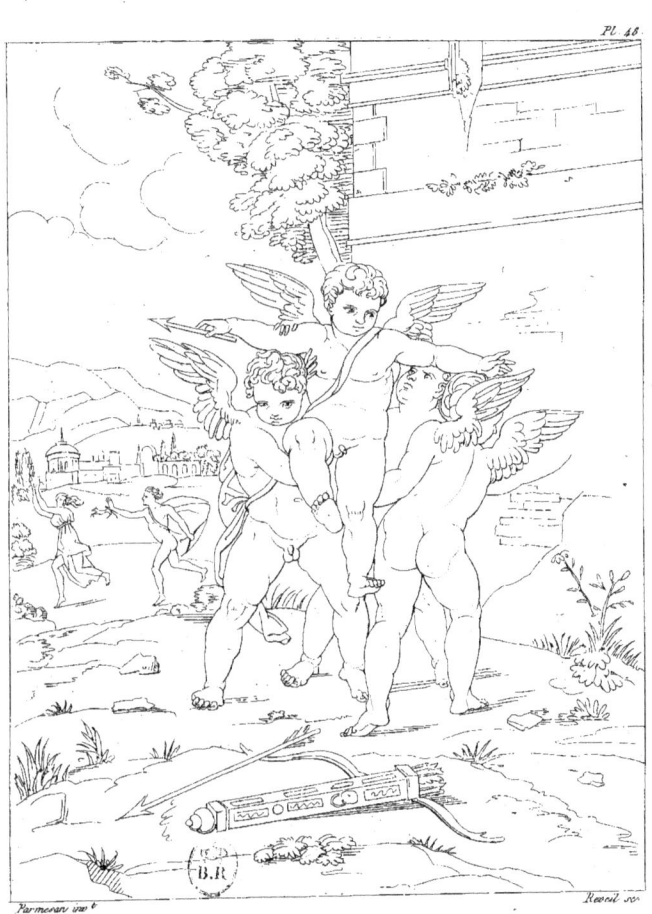

Trois Amours.

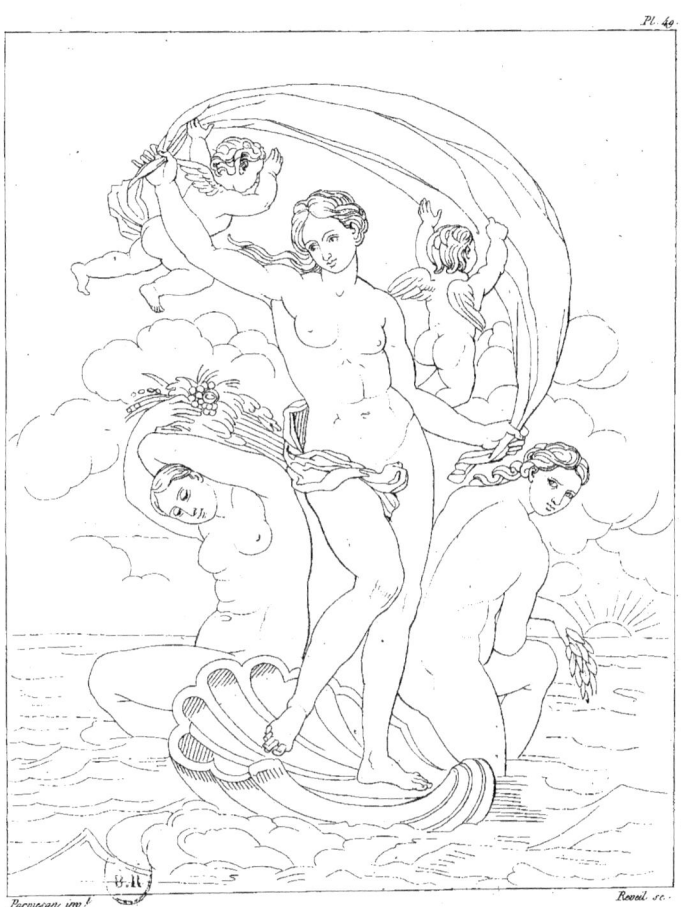

Vénus sur les eaux.

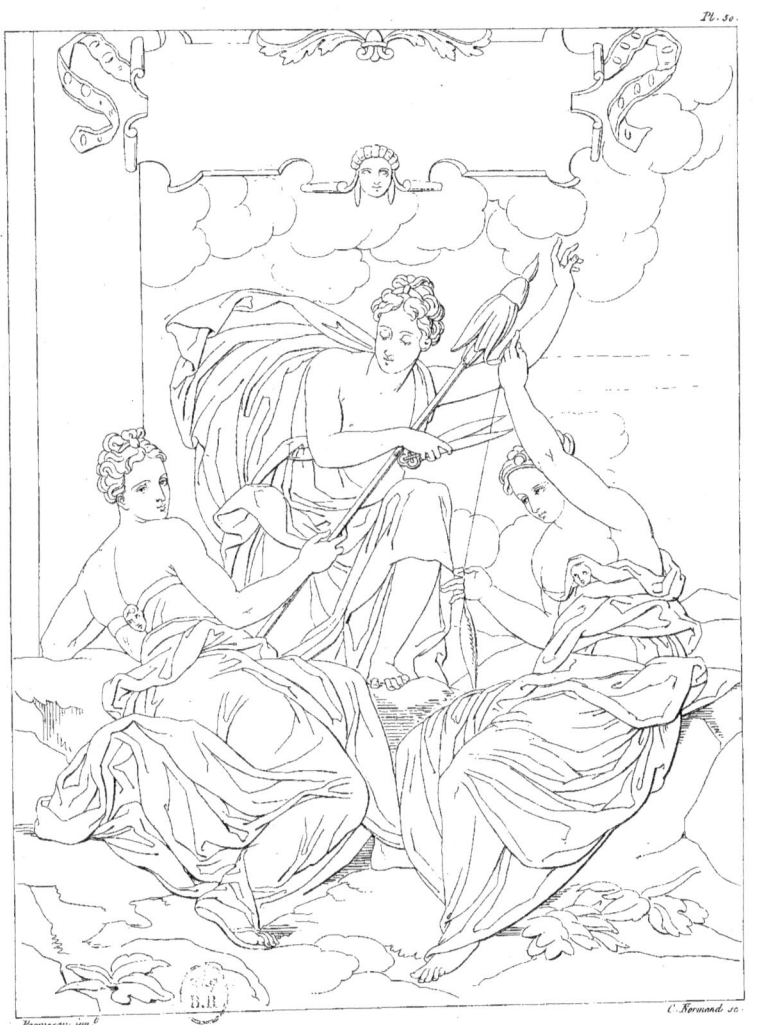

Les Parques.

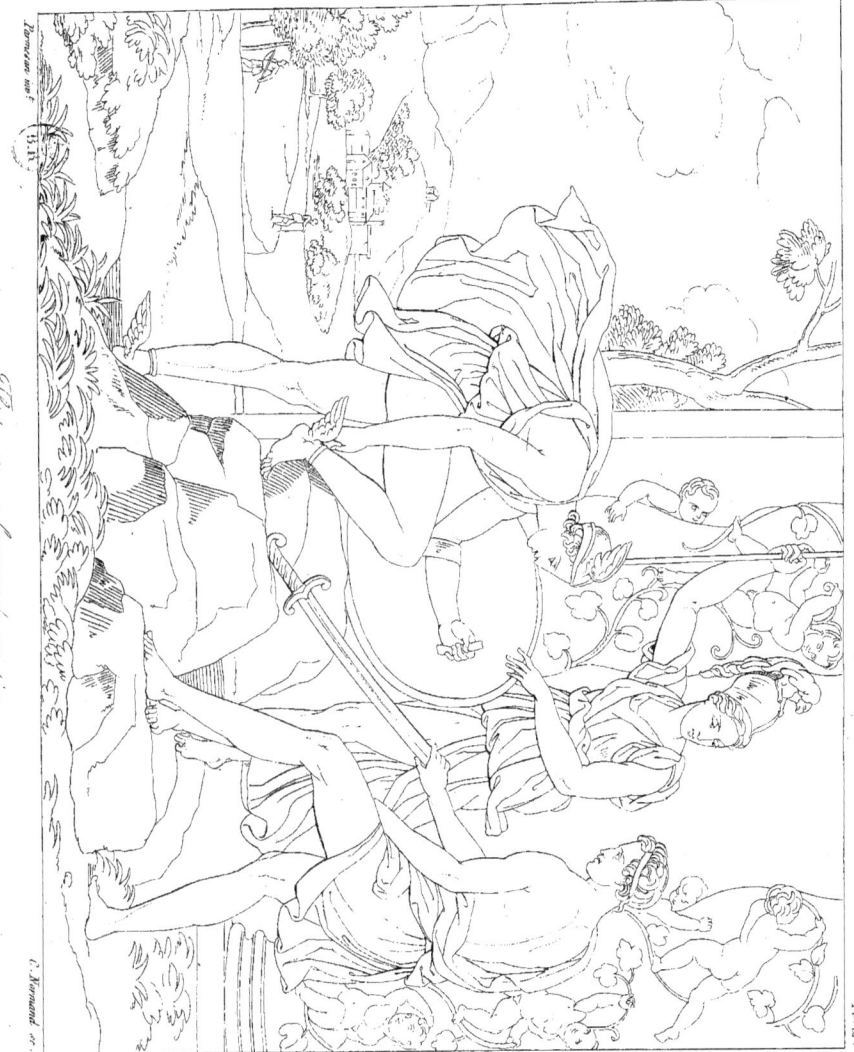

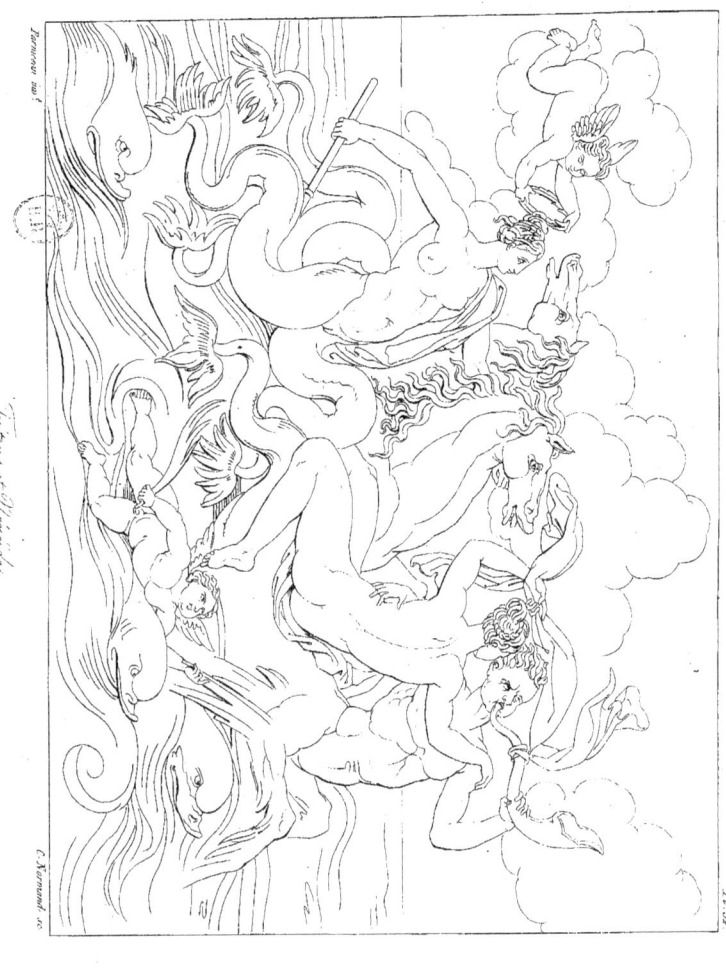

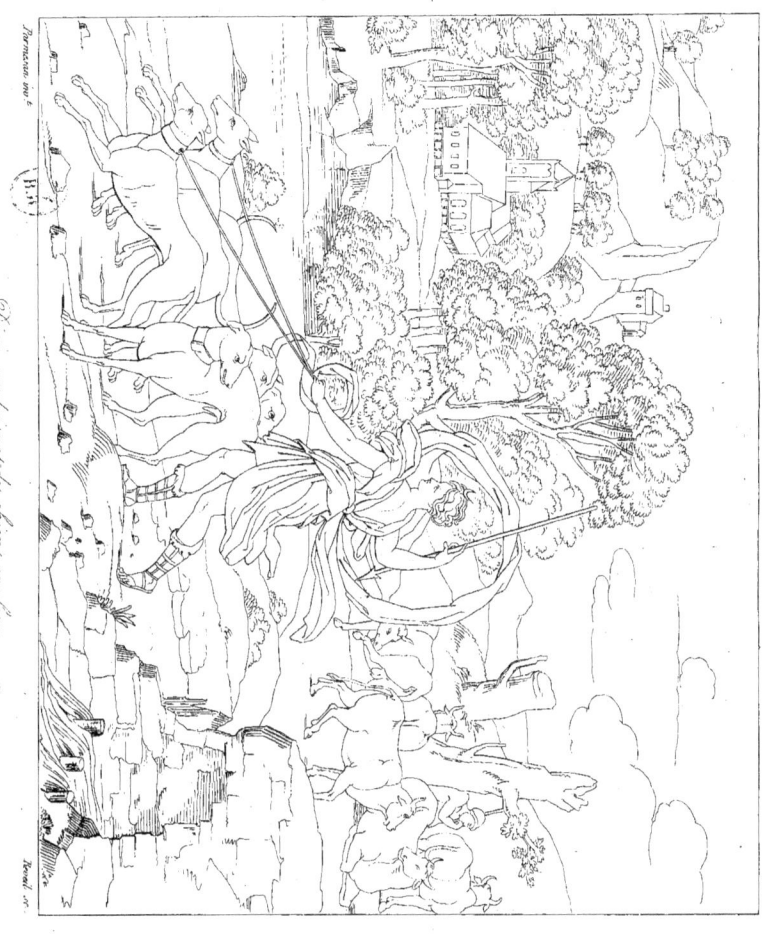

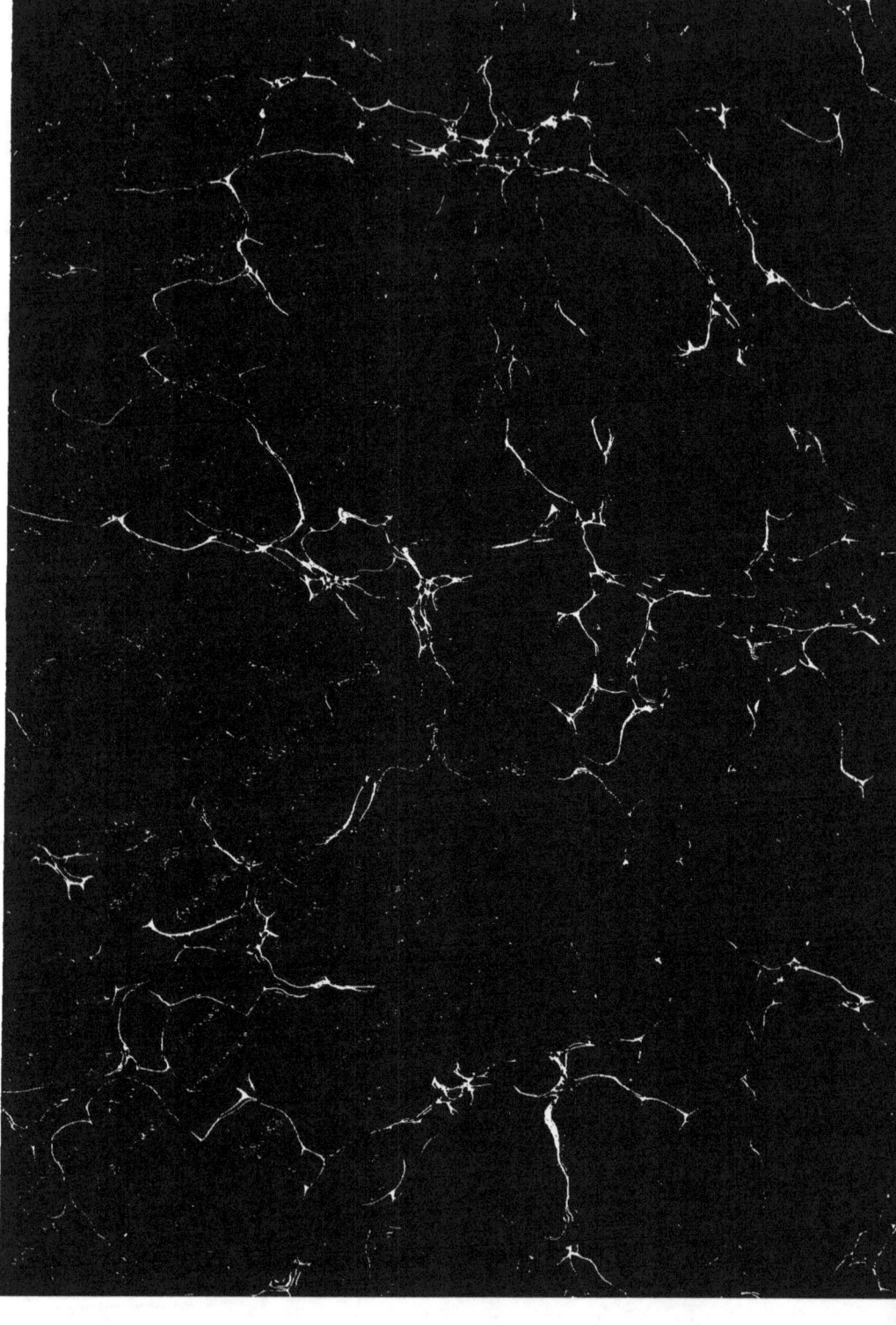

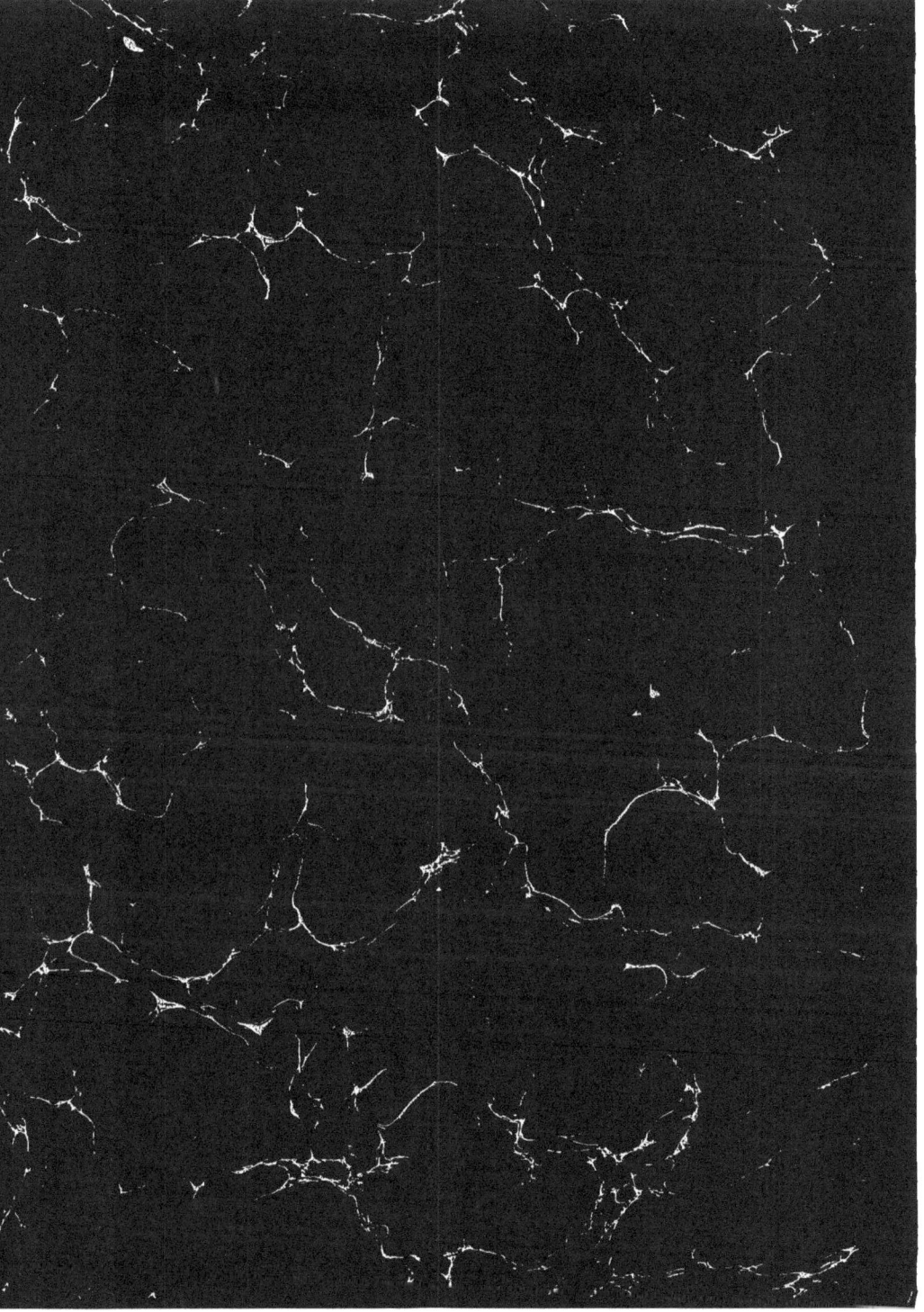

www.ingramcontent.com/pod-product-compliance
Lightning Source LLC
Chambersburg PA
CBHW070247230526
45470CB00002B/510